브라보 마이 라이프

필드에서 배우는 인생수업

브라보 마이 라이프

이 경 원 지음

YANG MOON

브라보 마이 라이프

초판 찍은 날 2019년 8월 08일
초판 펴낸 날 2019년 8월 14일

지은이 이경원

펴낸이 김현중
편집장 옥두석 | **책임편집** 이선미 | **디자인** 이호진 | **관리** 위영희

펴낸 곳 (주)양문 | **주소** 서울시 도봉구 노해로 341, 902호(창동 신원리베르텔)
전화 02. 742-2563-2565 | **팩스** 02. 742-2566 | **이메일** ymbook@nate.com
출판등록 1996년 8월 17일(제1-1975호)

ISBN **978-89-94025-80-3** 03320   잘못된 책은 교환해 드립니다.

CONTENTS

⚑ Part 5 내 안의 행복 찾기

⚑ Part 6 우리 인생을 닮은 골프

골프는 인생을 가르쳐주는 스승

누구의 인생이건 신이 머물다 가는 순간이 있다.

-tvN 드라마 〈도깨비〉 중에서

TV드라마를 보다 보면 가끔 무릎을 칠 만큼 훌륭한 대사가 나오곤 한다. 특히 내 생각과 같은 대사가 나올 때는, 드라마 내용보다 작가가 누군지 궁금해진다. 작가를 찾아보는 이유는 나 역시 드라마 작가가 되겠다는 꿈이 있었기 때문이다.

시나리오 작업을 하려면 다양한 인물을 만들어야 하는데 사람을 많이 만날 수 있는 곳을 알아보다 발견한 곳이 골프장이다. 하루에도 적게는 수십 명에서 많게는 수백 명을 만날 수 있는 곳. '바로 여기야!' 쾌재를 부르며 들어간 골프장에서 3개월만 일하겠다던 처음 생각과 달리 3년, 5년, 10년, 그렇게 13년을 근무하며 만난 한 사람 한 사람이 나에겐 서로 다른 모습을 한 신이었다.

"골프 게임은 다른 플레이어들을 배려하고 규칙을 준수하는 사람의 성실성 여하에 달려 있다. 그리고 모든 플레이어들은 경기하는 방법에 관계없이 언제나 절제된 태도로 행동하고 예의를 지키며 스포츠맨십을 발휘하여야 한다."(R&A, USGA가 제정한 〈골프규칙〉 서문 중에서 '플레이어의 행동기준')

골프의 이런 기본 정신은 '시간 많고, 돈 많고, 할 일 없는 사람들이 즐기는 운동'이라고 생각하던 선입견을 완전히 바꿔놓았다. 그러나 기본 정신에 입각해 게임을 즐기는 사람들이 있는 반면, 게임의 정신을 무시하며 에티켓을 지키지 않는 사람, 게임 규칙을 자기에게 유리한 쪽으로 해석하여 곤란한 상황에서 빠져나가는 사람, 상대가 실수하기만을 호시탐탐 노리는 사람 등을 보면서 골프가 인생에 많이 비유되는 이유도 알게 되었다.

세상 어디를 가든 때와 장소와 인물만 다를 뿐 일어나는 일은 거의 비슷하다. 그 중심에 사람이 있다. 그 사람이 일을 하고, 그 사람이 성공을 꿈꾸고, 그 사람이 사랑을 하고, 그 사람이 행복을 추구하며 살아간다.

‘인생은 한여름 밤 꿈’처럼 짧다지만, 그것은 여정의 끝에 느끼는 감상이다. 현재의 시간 위를 걷는 사람들은 당장 내일, 자신이 지구상에서 없어질 수 있다는 생각을 하며 살지 않는다. 날로 늘어나는 인간수명에 따라 백 살은 기본적으로 살 것이라 믿는다. 그 백 년이란 긴 세월을 사람은 혼자 살지 않는다. 혼자서 살 수도 없다. 무인도에서 살지 않는 한 태어나는 순간부터 누군가와 관계를 맺는다.

　물론 관계는 자신이 만들 수도 있고 만들지 않을 수도 있다. 이는 어떤 관계를 이어갈지 스스로 조정 가능하다는 의미다. 인간관계의 지혜는 스스로 경험을 통해 터득하기도 하고, 다른 이들의 삶을 보면서 간접체험을 하기도 한다. 간접체험을 가능하게 해주는 다른 이들이란 가정에서, 직장에서, 세상에서 만나는 모든 사람들이다. 그렇게 얽혀 사는 사람 모두가 나에게 좋은 사람일 수는 없다. 나 역시 모든 이들에게 좋은 사람일 수도 없다. 허나 ‘타산지석(他山之石)’이라는 말처럼 다른 사람의 잘못을 보며 나의 잘못을 고칠 수 있고, 좋은 점은 본받아 더 좋은 사람으로 거듭날 수는 있다.

　골프장에서 만난 수많은 사람들의 다양한 생각과 행위들

은 나에게 많은 변화를 주었다. 좋은 일이 생길 때면 인생에 찬론자가 되지만, 사소한 일이라도 좋지 않을 때는 인생비관론자로 전락하던 나에게 각기 다른 모습으로 다가온 사람들은 나름의 생활철학이 담긴 말과 행동으로 내 사고의 폭을 넓고 깊게 해주었다. 그저 그런 날들의 연속이라 생각하던 일상이 결코 평범한 하루하루가 아님을 깨달은 순간, 신은 하늘 높은 곳에 있는 게 아니라 아주 가까운 곳에 시도 때도 없이 각양각색의 얼굴로 우리 곁에 존재한다는 것을 알았다.

내가 만난 모든 사람들은 인생을 잘 살아갈 수 있는 방법을 알려주기 위한 신의 배려였다. 돌아보면 아름다운 추억을 함께 쌓은 사람들도 있고, 떠올리기 싫은 기억을 준 사람들도 있다. 좋은 사람들의 말과 행동은 당연히 나에게 좋은 인상을 심어줘 그 사람들을 닮으려 노력하게 했다. 반면 상처, 실망, 배신, 사기 등 나쁜 기억 속에 자리한 사람들은 그들처럼 살면 인간관계에 커다란 오점을 남긴다는 것을 가르쳐주었다.

골퍼들이 운동하는 코스를 필드라고 한다. 우리네 삶의 현장도 필드라고 할 수 있다. 그 삶의 필드에서 만난 다양한 사람들에게서 좋은 것과 나쁜 것을 구별해, 취할 것은 취하고 버릴 것은 버리면 지금보다 더 좋은 사람, 더 나은 사람으로 살 수 있지 않을까.

　내가 만난 모든 사람들에게 감사한다. 좋은 사람이든, 그렇지 않은 사람이든 그들을 만났기 때문에 지금 내가 여기에 있기 때문이다. 그들이 아니면 나는 여기까지 오지도 못했다. 살면서 만난 모든 이들이 고맙다.

2019년 6월 28일

이 경 원

Part 1

간절히 원하면 이루어진다

제발 한 번만!

골프란 정열, 집착, 로맨스, 나무와 모래와 물과 나누는 멋진 교제.

-밥 라이언(Bob Ryan)

태양이 이글거리는 8월 한낮, "제발 한 번만." 땀을 뻘뻘 흘리면서 홀 주변을 맴도는 골퍼. 아까부터 혼잣소리를 해가며 신중하게 홀 주변을 살핀다. 도대체 무슨 소리를 하는지 궁금해서 맞은편으로 이동하는 척하며 슬쩍 귀를 기울여본다.

"제발 한 번만 주라!"

주문을 외우듯 골퍼는 계속 중얼거린다. 조심스럽게 공을 그린에 놓고 홀을 향해 공이 굴러가야 할 길을 확인한다. 그러고도 못 미더운지 뒤로 한 발 물러나 다시 살피면서 하는 소리가 또 들린다.

"제발 한 번만!"

나는 걸음을 멈추고 골퍼를 바라본다.

홀을 향해 '한 번만'을 간청하던 골퍼는 빤히 올려다보는 나와 눈이 마주치자 겸연쩍게 웃는다. 자칫 잘못 들으면 성적인 농담을 던졌다고 기분 나쁠 수도 있겠으나 골퍼의 간절한 마음을 아는 까닭에 오히려 응원을 해주고 싶었다. 얼마나 홀 공략에 성공하고 싶으면 도도한 여인에게 사랑을 갈구하듯 저토록 애타게 '한 번만!'을 외칠까 생각하니 보탤 수 있는 건 무엇이라도 보태주고 싶었다.

첫 티샷을 하는 순간부터 온갖 장애물을 극복하며 힘들게 그린으로 향하는 것도 오직 이 한순간을 위한 모험이다. 그 작은 홀, 지름 108밀리미터인 홀 안으로 공을 떨어뜨릴 때의 쾌감은 페어웨이에서의 도전과 험난한 여정의 대가라고 할 수 있다.

"내리막!"

홀을 향해 놓인 공 앞에서 다시 한 번 호흡을 가다듬는 골퍼에게 슬쩍 다가가 한마디 한다. 그의 연습 스트로크가 크게 느껴져서다. 이리저리 재느라 제일 처음에 들었던 '내리막 경사'를 잊고 있을 게 분명하다.

고맙다는 눈인사를 건네며 공 뒤로 클럽을 갖다 대는 골퍼. 곁에서 보자니 사랑의 화살을 조준하는 큐피트 같다. 아무에게나 사랑의 화살을 쏘지 않으려 신중에 신중을 기하는 큐피트가 활시위를 당겼다 놓듯, 클럽이 움직인다. 슬금슬금 굴러가는 공, 3미터 남짓 거리, 콧등에 송골송골 맺힌 땀방울이 또르르 입가를 타고 흐른다.

"땡그랑!"

애간장을 태우며 굴러가던 공이 쏘옥 홀로 미끄러져 떨어진다.

"이야호~!"

공을 친 자세 그대로 멈춰 있던 골퍼는 공이 홀 안으로 떨어지는 소리가 나자 벌떡 허리를 세우며 환호성을 지른다. 성큼성큼 걸어가 홀에서 꺼낸 공을 입으로 가져간다. 마치 우승 트로피에 입을 맞추듯이 공에 입을 맞춘다.

동반자들도 듣지 못한 골퍼의 간절함을 몰래 엿들은 나도 기쁘다. 오랜 시간 한 마을 처녀를 짝사랑하여 가슴 태우던 청년이 고백에 성공하고 연인과 나란히 걷는 모습을 훔쳐본 느낌이다.

'저런 간절함이 부족했었나?'

좋아서 어쩔 줄 모르는 골퍼를 보며 꿈처럼 아득한 첫사랑이 떠오른다. 첫사랑이 생각난다는 건 이루지 못한 사랑이라는 소리다. 누군가는 이루어지지 않아 첫사랑이고, 이루지 못해 그립고 아쉬운 것이라고 말한다. 나 역시 그럴 것이란 무언의 긍정으로 이제까지 살았다.

'그대 생각이 나면 생각난 대로 내버려두듯이……'라는 노랫말처럼 매일은 아니어도 어느 순간 불쑥 생각나는 사람이 있었다. 그럴 때마다 '그때 내가 좀 더 적극적이었다면 어떻게 됐을까?' 상상의 나래를 펴기도 한다. 그러다가도 금방 '에이, 어차피 인연이 아니었어.'라며 미적지근했던 나를 정당화시키곤 한다.

방금 전 골퍼의 행동을 보면서 다시 한 번 생각한다. 홀 안으로 공을 넣기 위해 온갖 노력을 기울인 것도 모자라 '제발 한 번만!'을 갈구하는 그 마음이 보태져 골퍼는 '땡그랑!' 상쾌한 소리로 화답하는 홀의 허락을 얻어낼 수 있었다.

내게도 그때 '제발 한 번만!'의 간절함이 있었다면 멀리서 바라보기만 하지 않았을 텐데. 이런저런 생각들이 마구 엉킨다. 뜨뜻미지근하게 상황에 등 떠밀려 머뭇거리다 떠난 후에 가슴 치며 애통해 하는 미련은 간절함이 없었기 때문이란 생각이 든다.

|

따가운 뙤약볕 아래 뚝뚝 떨어지는 땀도 닦지 않고 홀을 향해 간청하는 골퍼를 보며 깨닫는다. 운동을 하든, 일을 하든, 사

랑을 하든 그 어떤 것도 간절함이 없으면 길모퉁이에 숨어 짝사랑하는 사람의 뒷모습을 바라보는 것이나 다름없다는 것을. 골퍼의 간절함이 좋은 결과를 가져왔듯 사랑도 간절함이 통해야 이루어진다.

그 사람은 그 사람이다

"플레이어는 자기 외에 그 누구도 비난할 수 없다."

-스코틀랜드 속담

늦가을 뉘엿뉘엿 넘어가는 해를 등지고 팔짱을 낀 채 잔뜩 웅크린 모습으로 서 있는 한 사모님이 눈에 들어온다. 얼른 사모님 골프가방 뒤쪽 지퍼를 내리고 손을 넣어본다. 대부분의 골퍼들은 예비로 비옷이나 얇은 바람막이 정도는 가방에 넣어 다니기에 무엇이든 손에 잡히면 꺼내려고 했는데 잡히는 게 아무것도 없다. 남성 골퍼의 티샷이 끝나기를 기다리며 앞으로 이동해서, 여성용 티잉그라운드 근처 나무 곁에 몸을 숨기고 있는 사모님이 추워 보인다. 할 수 없이 가지고 다니던 비옷을 들고 사모님께 간다.

"추우면 이거라도 입으시겠어요? 비옷이지만 바람막이

대신 입기도 하거든요."

"고마워. 괜찮아. 이제 몇 홀 안 남았잖아? 좀 참지 뭐."

"감기 드는 것보단 나으실 텐데요."

"나는 입고 싶은데, 우리 영감님이 싫어하실 거야."

힐끗 남성 티잉그라운드 쪽을 보며 이렇게 말하는 사모님을 보자 '입고 싶으면 입으면 되지, 그리고 추워서 입었다는데 싫어할 건 또 뭐가 있을까' 하는 생각이 든다.

"우리 영감님이 정해준 옷 안 입으면 역정 내셔. 결혼하고 30년 같이 살면서 한 번도 나 입고 싶은 옷 입어 본 적이 없어."

'세상에나! 무슨 그런 일이……' 놀라는 내 얼굴을 본 사모님은 체념한 듯 희미한 미소를 짓는다. 남성 티잉그라운드에서 티샷을 마친 골퍼들이 카트에 탄 것을 확인하고 사모님은 티잉그라운드로 올라간다. 유난히 마른 사모님의 가냘픈 어깨가 왠지 안쓰럽게 느껴진다. 힘겹게 티샷을 마치고 티잉그라운드를 내려오는 사모님. 사모님의 공은 멀리 날아가지 않아 카트를 자동으로 보내고 함께 페어웨이를 걸으며 이동했다.

"미스 리가 보기엔 내가 무척 행복해 보이지? 운동할 때마다 남편이 시중 들어주고, 이것저것 챙겨주는 거 보면?"

아닌 게 아니라 우리끼리 모였을 때는 사모님 얘기가 심심찮게 나온다. '어쩌면 그렇게 부부금슬이 좋은지 부럽다.'

'움직일 때마다 남편이 항상 곁에서 도와주는 걸 보면 복 받은 사람이다.' '옷도 남편이 다 사다주고 챙겨준다더라, 엄청 사랑하나봐.' 등.

"모르는 사람들은 나보고 행복한 사람이라고 하는데……
난 내가 고른 옷 한 번 입어보고 싶어."

"어머!" 걸음을 멈추고 얼떨결에 팔을 잡자 사모님이 피식 웃으며 내 다른 쪽 팔을 툭 친다.

"저 양반은 그게 사랑이라고 생각하는 모양이야. 결혼하고 처음에는 옷 색깔이 맘에 안 드는 걸 사다줘도 좋고, 내 스타일이 아니어도 이게 사랑이려니 생각하고 입었는데, 어느 순간 나는 그저 허수아비가 됐어."

사모님은 대충 공을 쳐서 보내고 하던 얘기를 계속한다.

"지금도 아까 미스 리가 준 비옷 입고 싶은 마음이 간절해. 그런데 그 옷 입었다간 우리 영감 성격에 당장 가방 싸서 집에 가야 해. 자기가 고른 게 아니면 옷이든 음식이든 아무것도 안 돼. 자기 취향에 맞아야 오케이야. 내가 자기랑 취향이 다르다는 걸 몰라."

"그래도 그렇지. 이젠 입고 싶은 옷 입으셔도 되는 거 아니에요? 너무해요!"

"뭐가 너무해?"

언제 왔는지 굵은 목소리가 들린다. 영감님께서 사모님 클럽을 들고 서 있다. 사모님과 내가 주고받은 얘기는 못 들은 눈치다.

"그거 말고 이걸로 쳐봐."

사모님은 영감님이 내미는 우드클럽을 두말없이 받아들고 앞으로 간다. 그런 사모님을 바라보는 영감님은 흡족한 표정이다. 내게서 멀어지는 사모님이 이젠 부러운 사모님이 아니라 불행한 사모님이란 생각이 들었다.

"아니야, 오른쪽으로 조금 더 돌아서봐. 지금 선 대로 치면 그냥 아래로 쭉 흘러내려."

"조금 세게 치려고 하는데……."

자신 없는 사모님의 목소리를 들으니 괜히 화가 난다.

"네, 그대로 쭉 미시면 돼요."

"되긴 뭐가 돼? 오른쪽으로 돌아서라니까."

그대로 치라는 나의 대답에 성난 영감님이 큰소리를 내자 사모님은 잘 훈련받은 사람처럼 오른쪽으로 휙 몸을 돌려 선다. 영감님과 사모님은 공을 치는 힘의 세기가 다르므로 공이 다른 길로 갈 것이 뻔했지만 그대로 보고 있을 수밖에 다른 도리가 없다. 그렇지 않으면 사모님이 애써 지킨 평화(?)가 깨질 것 같기에.

사랑하는 사람과는 닮는다고 하지만 비슷하다는 것이지 결코 똑같다는 뜻은 아니다. 한날한시에 태어난 쌍둥이도 다르다. 더군다나 오랜 세월 다른 환경에서 나고 자란 상대가 나와 같을 수는 없다. 서로 그 다름에 끌려 가까운 사이가 된 것이기도 하다. 내가 사랑하는 그 사람이 나와 똑같은 생각을 하거나 취향이 같으면 더할 나위 없이 좋을 것이다. 그러나 각자 저마다의 얼굴이 다르듯 성격, 취향, 취미 등 많은 부분이 다르다.

그 다름을 나와 맞추려는 순간 상대는 멀어지기 시작한다. 상대를 나와 동일시하여 내 생각을 강요하는 것은 사랑이라 할 수 없다. 내가 좋으니 너도 좋을 것이란 생각으로 상대를 대하는 것만큼 내게서 멀어지게 하는 방법은 없다.

지금 내 곁의 그 사람은 내가 아니다. 그의 의견을 물어주고 존중해주자.

.

형식이 내용을 빛낸다

두 손은 클럽을 쥘 뿐, 클럽을 휘두르는 것은 팔이다. 그리고 그 팔은 몸통에 의하여 휘둘러진다.

-벤 호건(Ben Hogan)

"아~ 또 우리 묵순이 나왔어."

클럽을 정리하는 사이 저만치 떨어진 곳에서 휴대전화로 통화하는 골퍼의 소리.

"오늘도 입 꾹 다물고, 조용히 다니다 가겠어. 오죽하면 묵순이겠냐?"

낄낄낄 웃음소리도 들린다. 고개를 들어 사방을 둘러봐도 딱히 묵순이라고 생각할 만한 사람은 안 보인다. 휴대폰을 주머니에 넣고 돌아서던 골퍼가 나와 눈이 마주치자 화들짝 놀란다.

'그럼, 묵순이는 나를 두고 한 소리야?'

놀라는 골퍼를 보니 '그래 니가 묵순이야.' 하는 듯하다.

"제가 왜 묵순이에요?"

기분이 나빠진 내가 대뜸 묻자 골퍼는 "표현을 잘 안하니까 그렇지. 좋으면 좋다, 싫으면 싫다 무슨 반응이 있어야 할 거 아니야. 오늘은 뭔 일로 묻기도 하네. 야, 묵순이가 화냈다!"라며 클럽하우스에서 내려오는 동반자를 향해 소리친다.

"제가 무슨 말을 안 한다고 그러세요? 할 말 다하는데……."

"오늘은 해가 서쪽에서 떴나? 꼬박꼬박 대꾸를 다하고……그래, 오늘은 우리 즐겁게 라운드 해보자."

아, 진짜 이게 무슨 상황인지. 그럼 이제까지 나와의 라운드는 즐겁지 않았다는 소린가?

"땅!" 힘차게 티샷을 날린 골퍼가 나를 바라본다.

'묵순이'란 별명에 기분이 썩 좋지는 않지만, 칭찬을 들어야 힘이 난다기에 큰소리로 외쳤다.

"굿 샷~!"

골퍼는 드라이버를 내게 주지도 않고 하이파이브를 하자는 몸짓을 하며 오른손을 펴고 내 앞에 우뚝 선다. 나도 오른손을 들어 힘껏 손바닥을 친다.

"야~ 기분 좋은데! 미스 리가 칭찬도 해주고 하이파이브도 해주니까."

"언제는 안 해드렸어요?"

"미스 리 칭찬에 인색하잖아. 웬만해선 굿 샷도 안 해주고."

"그건 워낙 공을 잘 치시니까. 아무 때나 굿 샷이라고 하면 형식적으로 들릴까봐 그런 거죠. 그래서 저한테 묵순이라고 하신 거예요?"

"묵순이가 엄청 듣기 싫었던 모양이네."

"네."

나는 당돌하게 고개를 빳빳이 들고 골퍼를 정면으로 바라보며 대답했다.

"있잖아. 미스 리, 애인이 매일 사랑한다고 하면 듣기 싫어?"

"사랑한다는 말을 듣기 싫어하는 사람이 어디 있어요? 더군다나 애인이 사랑한다는데."

"그거 봐, 좋은 말은 많이 들을수록 힘이 나고 기분이 좋아지는 거라구. 근데 우리가 말이야, 아무리 공을 잘 쳐도 미스 리가 칭찬을 안 해주니까 공치는 재미가 없어. 사랑하는 사이라도 표현을 안 하면 가끔 저 사람이 나를 사랑하긴 하나 하는 마음이 들잖아? 아무리 사랑이 깊어도 말 안 하고 내 마음 알겠지 하며 지내는 것보다, 형식적인 말이라도 매일 하루 한 번씩 사랑한다고 말하는 사람들이 더 오래 가는 법이야.

그러니까 공칠 때 힘나게 칭찬 좀 아끼지 말라구."

"어이구 연애박사님 또 강의하십니까? 저 티샷 좀 해도 될까요?"

다른 동반자가 시끄럽다는 소리를 돌려 말한다.

듣고 보니 그렇다. 형식적으로 들릴까봐 골퍼에게 칭찬의 말을 안 하는 거나, 사랑하는 내 마음 알겠거니 해서 아무런 표현을 안 하는 거나 별반 다르지 않다. 깊은 사랑도 흔들릴 수 있다는 소리다. 그래서 수시로 메시지를 보내고 이모티콘이 있네 없네 따지는 거다.

사랑은 가만히 있어도 저절로 깊어지는 게 아니다. 형식적인 말이라도 자주 하고, 형식인지 알고도 좋아하는 게 사랑이다. 때맞춰 물을 주어야 잘 자라는 식물처럼 사랑도 때맞춰 안부를 물어줘야 한다. 간혹 식물은 때맞춰주는 물에도 뿌리가 썩지만, 인간의 사랑은 '사랑한다'는 물을 주면 줄수록 뿌리가 더 단단하고 굵어지며 깊게 자리를 잡는다.

아쉬움을 남겨라

다른 사람들에게 인정받고 싶다면 꾸준히 노력하라. 사람들은 나를 타고난 천재로 알고 있지만 재능이란 인간이 만들어낸 허구에 불과하다는 것을 나는 알고 있다.

-타이거 우즈(Tiger Woods)

"어?"

참 어이없다는 말은 이럴 때 나오는 말인 듯하다. 내리막이긴 하나 1미터 남짓 거리, 그분의 실력이면 절대 놓치지 않을 퍼팅이 나의 예상을 비웃고 홀을 지나간다. 홀을 살짝 비껴 멈춘 공이 얄밉다. 놀랍기도 하고 허무하기도 해서 골퍼에게 원망어린 시선을 돌린다. 나보다 더 아쉬워할 사람은 방금 파(par)를 놓친 골퍼일 텐데 내가 왜 이렇게 속상한지 모르겠다. 나와 눈이 마주친 골퍼는 어깨를 으쓱 들어 보인다.

스코어 카드에 숫자 1을 적으며 마치 내가 공을 잘못 친 것처럼 한숨이 나온다.

"어우~ 올림픽 놓쳤네. 아 거기서 공을 왜 그렇게 치냐구요~?"

"인마, 내 속은 더 탄다. 라운드 마치면 스코어 카드 코팅해 갖고 다니면서 자랑할까 생각 중이었는데……."

클럽을 정리하고 스코어 카드를 내밀며,

"오늘 올림픽 좀 그려보나 했는데…… 볼수록 속상해요."

"미스 리, 이렇게 아쉬움이 남아야 또 오고 싶은 거야. 다음에 오면 내가 꼭 올림픽 그리게 해줄게. 오늘 즐거웠어."

웃는 얼굴로 인사를 하고 돌아서는 골퍼의 옆얼굴에 숨길 수 없는 아쉬움이 묻어 있다. 클럽하우스로 들어가서도 스코어 카드를 계속 들여다보며 계단을 천천히 오르는 뒷모습이 보인다. 다음에는 꼭 동그라미 다섯 개를 그릴 수 있길 바라는 마음이다.

골퍼들은 운동할 때 자신의 스코어를 매홀 기록한다. 골프장을 찾는 대부분의 골퍼가 아마추어다. 해서 스코어 카드에는 그 홀에서 쳐야 하는 기준타수보다 더 친 타수만 기록한다. 기준타수를 친 홀은 더 친 게 없으니 스코어 카드에 숫자 0으로 표기한다. 그렇게 18홀을 기록하다보면 어느 때는 숫자 0이 연속으로 몇 번씩 이어지기도 한다.

숫자 0을 크게 동그라미로 표시하는 경우가 많아서 연속 동그라미가 있는 것을 비유하는 말이 있다. 연속 네 개의 동그라미가 있는 것을 '아우디 파', 다섯 개의 동그라미가 연속된 것은 '올림픽 파'라고 한다.

프로 골퍼도 아닌 아마추어 골퍼가 연속해서 그런 타수를 기록하는 것은 대단히 기분 좋은 일이며 자랑할 만하다. 그런 자랑의 기회를 놓쳤으니 얼마나 아쉬울까.

아쉬우면 '또다시'를 외치듯이 사람과의 만남도 그렇다.

연락할 수 없어 아쉽고, 만나면 헤어지기 싫어 아쉽고, 못 보면 보고 싶어 아쉽다. 심하면 '상사병 환자'가 된다. 이런 아쉬움의 감정이 어느 순간 해소되고 나면 언제 그랬냐는 듯 서로 소 닭 보듯 한다. 뭇사람들은 호르몬의 장난으로 치부하기도 한다. 그런데 호르몬은 어느 한 사람에게서만 나오는 게 아니다. 두 사람이 동시에 같은 호르몬의 장난으로 만났다면, 멈추는 시기도 같아야 할 텐데 항상 어느 한 쪽은 빠르고, 다른 한 쪽은 모른다.

그렇다고 해서 호르몬의 분비가 빨리 멈춰 떠나는 사람이 모두 나쁜 것은 아니다. 더는 아쉽지 않으니 멀어질 수밖에. 계속해서 뭔가 새로운 게 없으면 또 다른 새로움을 찾아 호기심을 발동시키는 게 인간이다. 흔히 하는 말로 '이미 잡아놓은 물고기에 미끼 안 준다.'고 하지 않는가. 아쉬운 게 없는데 무슨 미끼가 필요할까. 다시 말하면 잡힌 물고기도 계속 미끼를 줄 수밖에 없는 상황을 만들어야 한다는 얘기다. 물고기가 아닌 사람은 서로에게 미끼를 던지는 격이니 항상 새로운 미끼를 준비해야 관계를 오래 유지할 수 있다.

골퍼들이 매번 같은 골프장, 같은 코스에서 운동을 해도 항상 일정한 스코어를 기록하기 힘든 이유가 있다. 출발지점을 수시로 옮겨놓아 새로운 분위기를 연출한다. 때에 따라서는 코스의 어느 한 곳을 수리지역으로 표시해서 그곳은 비켜가도록 유도한다. 목표지점인 그린도 어느 날은 좌측을 사용하게 하고, 어느 날은 우측을 사용하게 한다. 그린에 설치해놓은 홀은 또 어떤가. 한 홀은 앞에 있고, 다음 홀도 그러려니 하고 가면 이번에는 아주 뒤로 쭉 빼놓는다. 이번에는? 하는 호기심을 갖고 다음 홀로 이동하게 만든다. 그러니 같은 코스에서 운동을 하면서도 매번 새롭고, 다시 한 번 더 도전하고 싶은 아쉬움이 남는다.

이처럼 골프장에서 골퍼들에게 전과 같지 않은 코스를 도전하게 하고, 새로움을 맛보게 하려는 노력을 하는 것처럼 인간관계도 그와 같은 노력을 해야 한다. 특히 가까운 관계일수록 더 그렇다.

스피드 시대답게 한 번의 만남으로 모든 것을 보여줘야 한다는 강박관념에 사로잡힌 사람들이 많다. 지금 당장 죽고 사는 일이 아니라면, 모든 것을 한꺼번에 쏟아내고 시원하게 끝을 볼 게 아니다. 보고 또 봐도 계속 보고 싶은 사람은 매력이 많은 사람일 수도 있지만, 관계유지를 위해 그만큼 노력하는 사람이다.

'니가 그렇지 안 봐도 뻔해.' 이렇게 예측 가능한 사람보다 어제 만나고 오늘 또 만나더라도 늘 새로워 내일이 기대되는 사람이라면 헤어짐이 아쉽지 않겠는가.

당신은 나의 행운이다

자신이 있으면 긴장된 상태에서도 릴렉스할 수 있다.

-보비 클램펫(Bobby Clampett)

"조심하세요!"

그린 주변 벙커에서 나오는 사모님을 향해 조심하라고 소리쳤지만 빠른 공을 피하진 못한다. 날아간 공이 사모님 머리를 맞고 튕겨서 그린에 떨어져 구른다. 그것도 홀에 아주 가깝게.

"와우~ 럭키! 럭키!"

공에 맞은 머리를 잡고 서 있는 사모님과 그린에 떨어진 공을 번갈아 보던 골퍼는 펄쩍펄쩍 뛰며 좋아한다.

'공에 맞았는데 럭키라고 하는 거 보니 부부 맞네.' 이런 생각을 하며 사모님께 뛰어갔다.

"괜찮으세요?"

"괜찮아 언니야. 근데 저 인간이 럭키라고 했지?"

공에 맞은 것보다 '럭키'라고 소리 지른 남편이 더 괘씸한
지 눈을 치켜뜨고 이쪽을 향해 걸어오는 남편을 기다린다.

"아 이 사람아, 뒤에서 공치는데 그렇게 앞에 있으면 어떡
하나? 괜찮은가?"

"공에 맞았는데 럭키라고 하는 걸 보니 죽으면 춤 추겠수?"

"거 사람 참 무슨 소리하는 거야. 괜찮은 줄 아니까 웃자
고 한 말이지."

"허허 제수씨 괜찮아요?"

뒤늦게 따라온 다른 동반자가 묻는다.

"아주 쓰러질 걸 그랬어요. 저이 식겁하게. 머리가 너무 단
단해서 그런지 별로 아프지도 않네요. 걱정 마세요."

"당신 머리가 단단한 게 아니라 내가 예전보다 힘이 약해졌
다는 소리야. 그렇지 않았으면 벌써 병원 가야 할 판인데……."

"어이구~ 그럼 나도 럭키네. 병원 갈 신세 면했으니……."

서로 럭키라며 박장대소하는 골퍼들을 보니 안심이다. 자
칫 잘못해서 골퍼가 병원이라도 가게 됐으면 어쩔 뻔 했을까
생각하니 나도 '럭키'를 외치고 싶었다.

부부가 함께 즐길 수 있다는 점에서 골프는 매력적인 운

동이다. 물론 다른 운동도 부부가 함께할 수 있지만 오래도록 같이할 수 있는 운동이 많지는 않다. 해서 가끔 부부동반으로 운동 오는 나이 지긋한 골퍼들을 보면 마음이 푸근하다. 함께 나이 들어가며 같은 취미를 즐길 수 있으니 이거야말로 '백년 해로'하는 게 아닌가 싶은 생각이 들어서다.

'부부는 닮는다.'는 말이 있다. 이는 함께 오랜 시간을 지내면서 취향이 비슷해진다는 말일 게다. 전혀 다른 환경에서 나고 자란 사람들이 만나 비슷하게 닮기까지 얼마나 많은 과정을 거쳤을까.

좋은 일도 나쁜 일도, 기쁜 일도 슬픈 일도, 작은 일도 큰 일도 함께 겪으며 지내는 사이 가을 단풍이 시나브로 물들듯, 그렇게 서로에게 물들어 간다. 그 시간 속에서 검은 머리는 점차 은빛을 띠고 애정보다 진한 신뢰가 쌓인다.

아쉬운 듯 넘어가는 태양이 선사하는 멋진 노을을 바라보며 서로가 서로에게 '행운'이었다는 것을 깨닫는 것도 행복이다.

지금 내 곁에 있는 이가 누구이든 그이가 나의 행운이라고 생각하자.

사랑도 신용이 필요하다

퍼트라인 읽기는 항상 처음 감, 즉 최초의 판단이 가장 정확하다. 그것을 수정하면 대개는 라인을 벗어난다.

-조지 덩컨(George Duncan)

"이 자식은 어딜 가나 꼭 와이프를 데리고 온다니까. 고리타분하게."

여성 골퍼가 화장실을 간 사이 그늘집 앞 대기 중인 카트에 앉아서 남성 골퍼 세 명 중 한 명이 다른 동반자를 가리키며 볼멘소리를 한다.

핀잔을 들은 골퍼는 물 마신 컵을 카트에 달린 바구니에 내려놓으며 빙긋이 웃는다.

"그러게, 다음부터는 부부동반으로 오자니까. 얼마나 좋냐?"

"좋기는? 허구한 날 보는 얼굴인데……."

"자식~ 그 허구한 날 보는 얼굴이 20년 전에는 하루도 못 보면 안달하던 얼굴이야! 너는 군대도 안 가겠다고 생난리쳤잖아."

"야~ 그게 벌써 언제 적 얘긴데 그래?"

"늬들은 아직도 금슬이 좋다! 비결이 뭐냐? 혹시 늦둥이 소식은 없냐?"

다른 동반자들도 한마디씩 거든다.

"낼모레 쉰인데 늦둥이 같은 소리하네……."

"아~ 부부는 나이 들면 의리로 산다더니 벌써 그러냐?"

다른 동반자가 중간에 말을 가로챈다.

클럽을 정리하며 안 듣는 척하고 있던 나는 아내를 동반자로 데려와 친구들에게 놀림을 당하는 골퍼를 다시 한 번 쳐다본다. 나와 눈이 마주치자 그 골퍼는 어색한 듯 말을 돌린다.

"의리? 의리만 갖고는 어렵지."

"그럼 그거 말고 또 뭐가 더 있어?"

"사랑도 사람의 일인데 의리만 필요하겠어? 신용도 필요하고……."

"뭐? 신용?"

"짜식아, 사랑이 아무리 감정놀음이라지만, 눈에 씌웠던 콩깍지 벗겨졌다고 하루아침에 변하면 신용불량자 되는 거야."

"자기 감정에 충실하라고 네가 그러지 않았어? 말이 다르잖아?"

"감정에 충실하라고 했지, 내가 언제 본능에 충실해서 하루가 다르게 사람 바꾸라고 하더냐? 제수씨 속 그만 썩이고 너는 이제 그만 정신 좀 차려!"

"야~ 누가 들으면 내가 엄청 나쁜 놈인 줄 알겠다."

"넌, 벌써부터 나쁜 놈이야!"

이제는 전세가 역전된 듯하다. 아내를 동반한 골퍼가 빙글빙글 웃으며 먼저 시비(?)를 건 친구를 놀린다.

"니가 이리저리 흔들리는 것처럼 제수씨도 흔들리겠지. 뭐 죽고 못 살던 옛날하고 같을까?"

"차~암, 누가 선생 아니랄까봐 또 시작이다."

"사랑, 그거 감정만으로는 오래 가기 힘들어. 어르신들은 의리로 산다고 하잖아. 근데 사랑은 의리도 필요하고, 예의도 필요하고, 신용도 필요하고……."

"자식아! 사랑을 대출하냐? 자꾸 신용타령이야"

"너 임마, 이젠 진짜 회사 일로 출장을 가도 제수씨가 안 믿잖아. 이미 신용이 떨어질 대로 떨어진 게 아니고 뭐냐?"

"야~ 너, 그렇게 말하면 미스 리가 나를 어떻게 생각하겠어?"

"이 녀석 보게, 그새 또 미스 리한테 작업 걸었네. 미스 리, 이 녀석 신용불량자야. 믿으면 큰일 나!"

그가 농담인 듯 진담처럼 정색을 하고 나에게 주의를 준다. '눈에 씌웠던 콩깍지 벗겨졌다고 하루아침에 변하면 신용 불량자 되는 거야.'

나는 속으로 가만히 되뇌어본다. 이 신선한 뭉클함은 어디에서 오는지 궁금하다. 사월 초, 아직은 조금 쌀쌀한 바람이지만 부드럽게 코 속으로 들어와 온 몸에 따뜻한 기운을 퍼뜨린다.

많은 사람이 사랑으로 가슴앓이 하는 이유가 이별에 대한 두려움보다 상대를 전적으로 신뢰하지 못하는 때문이다. 상대가 어디에 있는지 궁금하고, 오랫동안 연락이 없으면 안달하고, 다른 이성과 함께 있으면 의심스럽고, 이런 모든 것들이 실은 믿음이 바탕에 깔려 있지 않아서다. 이를테면 신뢰할 만한 행동을 하지 않은 때문이다.

매순간이 처음 만날 때와 같은 마음이라면 얼마나 좋을까. 그러나 아무리 지워지지 않는 유성펜이라 해도 시간이 지나면 색이 바래듯이, 사랑도 처음의 진한 색을 그대로 간직하기란 어렵다. 대신 서로에 대한 믿음이 강력하다면 더 깊은 색으로 나타날 것이다. 그런 의미에서 사랑도 '신용'이 필요하다는 말에 전적으로 동감한다.

가깝지도 멀지도 않아야 한다

골프는 아주 단순하지만 끝없는 미로.

-아놀드 파머(Arnold Palmer)

"그렇지, 엉덩이를 조금 더 빼고, 팔을 축 늘어뜨려 봐. 아니 팔에 힘을 주라는 게 아니라 힘 빼고 툭 떨어뜨려봐."

초보자를 동반한 골퍼가 어드레스 자세를 취한 초보자에게 이래라 저래라 주문이 많다. 어정쩡한 자세를 취한 초보자는 뻣뻣한 피노키오 같다. 엉덩이 빼라니까 오리궁둥이를 만들어 쭈욱 뺀다. 반대로 팔은 앞으로 뻗친다. 다시 팔에 힘을 빼라고 하니 이번엔 힘주어 빵빵해진 엉덩이도 바람 빠진 풍선처럼 탄력을 잃고 힘없이 처진다.

두 가지 일을 동시에 해내기는 어렵다는 것을 다시 한 번 느낀다. 겨우 동반자가 주문한 자세로 스윙을 한 초보자의 공은 조금 떠서 날아가다 급격히 오른쪽으로 휘어져 종이비행기가 힘없이 떨어지듯 풀 속으로 자취를 감춘다.

"거봐, 공하고 너무 멀리 서서 그렇다니까."

"에헤~ 그렇게 공하고 가까이 서면 팔이 지나갈 길이 없잖아. 조금 뒤로 물러서. 긴장 풀고……."

공 한 번 치기가 이렇게 어려울 수 있을까?

내가 보기엔 동반자의 주문이 많아 초보자가 긴장해서 계속 실수를 하는 것 같다. 분명히 필드에 나오려고 연습을 많이 했을 텐데, 본인이 연습한 대로 칠 수 있게 그냥 두고 자신의 공에 좀 집중했으면 싶다. 초보자도 처음에는 시키는 대로 열심히 따라하더니 이제는 아예 듣기 싫은 눈치다. 자꾸 곁에 붙어서 코치하는 동반자를 멀리하고 싶은 마음이 말하지 않아도 보인다.

말 많은 골퍼는 자신의 공은 어디로 갔는지 신경도 쓰지 않는다. 먼저 운동을 시작한 입장에서 자세히 알려주고 싶은 마음은 이해하지만, 동반자가 싫어하는 기색을 보이면 그만두어야 하는데 그런 눈치는 없는가 보다. 저러다 동반자와 사이가 멀어질까 걱정이다. 아무리 듣기 좋은 노래도 세 번 이상 들으면 그만 듣고 싶다는데, 미주알고주알 사사건건 곁에서 지적을 하니 노래도 아닌 참견의 말을 계속 들어야 하는 초보자는 물론 나도 고역이다.

보다 못한 다른 동반자가 나선다.

"자세가 중요하기는 해요. 그런데 자신이 편한 자세가 제일 좋은 거 아닙니까? 김형 하던 대로 한 번 쳐보세요. 갑자기 바꾸기는 어렵잖아요."

"글쎄……."

열심히 코치해준 동반자의 표정을 살핀다. 말 많던 골퍼는 그 사이 또 무슨 말인가 하고 싶은지 입을 달싹인다. 이때 다른 동반자가 한마디 더한다.

"너무 멀지도, 너무 가깝지도 않게 적당히 간격을 두면 돼요."

햐~ 적당한 간격! 참 간단한 말인데, 그 적당함의 기준이 각기 다르니 그 또한 쉽지 않다.

모든 사물과의 사이도 그렇고 사람과의 사이에도 적당한 거리가 중요하다. 떨어지면 죽고 못 사는 사랑하는 사이에도 거리는 있어야 한다. 너무 가까우면 그의 한 부분만 보일 것이고, 너무 멀면 그의 본 모습을 자세히 알 수 없어 오해가 생길 소지가 있기 때문에 항상 적당한 거리 유지가 중요하다.

물건 사이의 적당한 간격은 통풍이 잘 되어 곰팡이가 피는 것을 방지한다. 사람 사이의 적당한 거리는 내가 그에게, 혹은 그가 나에게 속하지 않고 평행선을 이루며 같은 방향으로 함께 갈 수 있는 편안함을 유지시켜준다.

사람은 변하고 사랑은 깊어간다

미스를 해도 미스가 되지 않는 연습을 하라.

-벤 호건(Ben Hogan)

"라면 먹고 갈래?"라는 말보다 "어떻게 사랑이 변하니?" 란 대사가 더 가슴에 들어와 괜히 산소 같은 여주인공이 미웠던 영화가 생각난다. 그 당시에는 그랬다. 사랑하던 연인들이 헤어지는 건 사랑이 변해서라고 생각했다. 또 '사랑은 움직이는 거야!'라는 광고 카피가 꼭 변심한 이의 마음을 대변하는 것만 같아 당시 광고 모델이었던 연예인을 괜히 비방하기도 했다.

사람은 항상 그 사람인데 변할 리가 있겠느냐고 나름 굳게 믿던 시절이 있었다.

"그 자식은 잘 살고 있대?"

점심을 먹고 후반 코스에 들어가기 위해 대기하던 카트에 앉아서 여성 골퍼가 갑자기 생각난 듯 동반한 친구에게 묻는다.

"잘 살겠지 뭐."

"너 참 독하다. 어떻게 욕 한번을 안 해? 그러다 속병 들면 고치지도 못해. 나처럼 욕도 하고 쌈박질도 하고 그래. 니가 무슨 성인군자라고 안녕히 가세요, 하고 끝내니?"

"그래 참! 너 진짜 끝난 거야? 잘됐어. 나는 예전부터 니가 아깝다는 생각이 들었거든."

"맞아, 그놈이 뭘 몰라도 한참 모르는 거야. 어디 가서 얘 같은 앨 만나니? 지 주제에."

"나 요즘 연애해."

"뭐?"

듣자하니 변심한 친구의 애인을 헐뜯어서 친구의 마음을 위로해주려던 모양인데, 정작 당사자는 아무렇지도 않게 연애한다는 폭탄 발언을 한다.

"차~암 사람 마음 알다가도 모른다더니 딱 그래."

"야, 너 혹시 에라 하는 마음으로 아무나 만나는 거 아냐? 왜 그 있잖아 사람은 사람으로 잊어야 한다는 말."

"믿을 만한 사람이야? 뭐하는 사람인데? 언제 만났어?"

진짜 사람 마음 모른다. 방금 전까지도 떠난 사람 얘기를 하더니 또 그 사이 새로 등장한 얼굴도 생판 모르는 사람에게 관심이 몽땅 쏠린다.

"믿을 만한지는 내가 믿음을 주면 되고. 뭐하는 사람이냐고? 지금 나와 연애하는 사람이고. 언제 만났냐고? 글쎄 그게 언제인지 모르겠더라."

"혹시 니가 먼저 변심한 거 아니야? 숨겨놓고 있었던 거 아니냐고? 어떻게 이렇게 빨리 다시 연애한다는 말을 해? 수상하다."

의심의 눈초리를 받으며 빙긋이 웃는 골퍼의 표정을 보니, 실연의 아픔을 겪은 얼굴이 아니라 한창 연애에 빠진 행복한 모습이 더 진하다.

"카트 출발합니다. 안전바 꼭 잡으세요."

골퍼들의 말을 끊어 미안하지만 나는 내 할 일을 해야 한다. 티샷 중인 앞 팀과 거리를 두고 카트를 정차시킨다. 카트 내부에 달린 거울로 보니 뒤에 앉은 세 명의 얼굴이 모두 조수석에 앉은 친구를 향하고 있다.

"언제 만났냐니까?"

"만난 건 한 달쯤 되나? 근데 아주 오래전부터 알던 사람처럼 굉장히 편한 거 있지?"

"성격이 비슷한가 보네. 잘 해줘?"

"있잖아, 내가 이 사람과 만나고 깨달은 게 있는데, 사랑이 변하는 게 아니라 사람이 변하는 거더라. 헤어진 사람을 처음 만났을 때도 이렇게 들뜬 기분이었어. 어느 날부터 그런 기분이 슬그머니 사라졌지만. 나도 사람인데 그 사람이 밉지, 왜 안 밉겠어. 근데 지금 이 사람을 만나고 보니까 나도 똑같은 거야. 다시는 다른 사람 못 만날 줄 알았는데, 사랑은 하나뿐이 없는 줄 알았는데, 아니 하나가 아니라 한 번이라고 하는 게 맞겠다.

이 사람을 보면 가슴이 뛰어. 만나기 전부터 막 설레고, 만나면 오래 같이 있고 싶고. 그러면서 이런 생각이 들더라. 사랑하고 있는 동안은 언제나 상대에게 진심이라는 거. 떠난 사람은 내가 싫거나 미워서가 아니라 시간이 흐른 만큼 생각이 깊어지고 보는 눈이 달라지는 거야. 그러니 당연히 달라진 생각에 맞는 상대를 찾아야지. 사람은 사랑하면서 변한다는 걸, 그걸 이제 알겠더라. 그래서 그 사람이 안 미워. 지금 이 사람을 더 깊이 사랑할 수 있는 방법을 알려줘서."

실연 후에 깨달은 사랑에 대한 나름의 생각을 담담히 얘기하는 골퍼를 보면서, 사랑은 언제나 한결같다는 것을, 사랑은 머물지 않고 진화한다는 것을 알았다.

바로 앞 홀에서 한 실수를 되풀이하지 않기 위해 다음 홀에서는 더 신중하고 진지하게 게임을 풀어가는 골퍼처럼, 이별 후의 새로운 만남을 오래 유지하기 위해 상대에게 더 집중하고 진지하게 임한다는 것을.

'사람은 변하고 사랑은 깊어간다.'

Part 2

일에 목숨 걸지 마라

빨리 한다고 대충하지 마라

강하게 치려고만 하지 말고, 정확하게 칠 것에만 집중하라.

-폴 런얀(Paul Runyan)

맴맴맴! 어느 나무 그늘에 숨어 우는지 요란한 매미소리. 숨죽이고 서 있는 그린 위로 사정없이 쏟아지는 태양열을 피해 매미라도 되었으면 싶다. 꾹 다문 입과는 달리 눈은 더욱 크게 뜨고 홀 주변을 이리저리 살피는 골퍼. 성큼성큼 홀과 공 사이의 거리를 발걸음으로 재기도 하고, 공 반대편에 쪼그리고 앉아 경사를 재차 확인하는 눈에서 레이저 광선이라도 나올 듯하다.

"얌마. 그만 재고 얼른 쳐! 매일 오면서 뭘 그렇게 재고 그래? 그냥 대충 치지."

'휴~' 동반자의 야단치는 소리에 참았던 숨을 몰아쉬며 나도, '빨리 치세요.' 하는 손짓을 해보였다.

"대충이 어딨어? 니들이 그렇게 대충대충 치니까 매일 백 돌이 신세 못 면하지."

"저 자식 말하는 것 봐라. 팔십대 치는 놈은 다 저렇게 싸가지가 없냐?"

"그래~ 나는 싸가지 없고, 니들은 실력이 없고."

"어쭈? 너 그렇게 긁지 않아도 내 주머니에서 더 나올 것도 없다."

"그러게. 이제 더 나올 돈도 없다는데 시간 그만 끌고 어서 치시고, 다른 분들은 말 시키지 마세요."

"미스 리 화났나 보다. 너 시간 끌고 미적댈 때 알아봤다. 한소리 듣겠구나 싶더니 결국 듣네."

말싸움하느라 자꾸 시간이 지체되는 것 같아서 내가 끼어들자 고소하다는 표정의 동반자들.

"미스 리야, 여기가 내 골프장은 아니지만 나는 지금 내 시간을 쓰는 중이야. 내 시간을 대충 쓰고 싶지는 않다는 소리지."

신중하게 퍼터를 공 뒤로 가져가는 골퍼. 다시 조용해진 그린. 동반자들과 나의 눈이 일제히 굴러가는 공을 따라 움직인다. 또르륵 굴러가던 공은 내리막 구간에서 탄력을 받아 속도가 붙는다. 홀을 건너 뛸 것처럼 구르더니 홀 안쪽의 벽을 맞고 위로 튕겨 올랐다가 그대로 홀 안으로 떨어진다. 한소리 들은 나는 새침하게 서 있다가 마지못해서 작은 목소리로 외쳤다.

"나이스 인!"

"나이스 파!"

골퍼는 얄밉게도 나의 '나이스 인'을 '나이스 파'라고 굳이 정정한다.

"니들은 내가 너무 이리저리 재서 시간 많이 잡아먹는다고 생각하지? 시간은 니들이 더 많이 써."

"무슨 소리야? 너 치는 거 기다리느라 진이 다 빠지는데."

"나는 실수하지 않으려고 집중하는데, 니들은 대충 치니까 한 번만 쳐도 될 걸 두 번, 세 번 치니 시간이 더 걸리지."

"거 매일 오다시피 하는 골프장인데 대충 치면 좀 어때서 그렇게 재냐 재길?"

"니들은 매일 가는 회사라고 일 대충 하냐? 어디서 뭘 하든 똑같은 거야."

"공치는 거하고 일하는 거하고 뭐가 같아?"

"일을 하든 공을 치든 다 내 시간을 쓰는 건데 대충할 수 있어? 봐라, 공도 대충 치니까 한 번 칠 걸 두세 번 쳐야 하잖

아. 일도 그래. 신중하게 계획하고 집중해서 하면 한 번에 깔끔하게 할 수 있는데 괜히 빨리 한답시고 서둘러 하니까 다시 수정해야 하고, 실수해서 상사 눈치보고, 대충했다고 야단맞잖아."

"일하다 보면 실수할 수도 있고, 야단맞을 수도 있는 거지."

"야단맞기만 해? 심하면 사표까지 써야 하잖아. 그렇게 될까봐 전전긍긍 상사 눈치 보는 거구."

"월급쟁이가 그럼 상사 눈치 안 보면 누구 눈치 보냐?"

"그러니까 눈치 안 보려면 뭐든 집중해서 하라고. 평생직장 이젠 없다잖아. 직장에 남아 있을 생각 말고, 니 실력을 키우면 여기저기서 부를 거 아니야? 아님 니가 뭘 해도 할 수 있을 거고. 안 그래, 미스 리?"

빨리 티샷 하라고 재촉해야 하는데 골퍼의 일장연설을 듣느라 말할 기회를 놓친 내게 골퍼가 묻는다. 나는 대답 대신 고개를 끄떡이며 드라이버를 손에 쥐어줬다.

틀린 말을 그렇게 길게 했다면 중간에 벌써 끊었을 텐데, 그냥 흘려들을 수 없는 말이라 앞 팀이 그린으로 올라갈 때까지 듣고 있었다. 백번 맞는 말이다. 어디에서 무엇을 하든 어느 누구의 시간을 쓰는 게 아니라 바로 자기 자신의 시간을 쓰는 것이다. 그 시간 위에 자신의 행위가 고스란히 얹혀서 흘러간다.

|

우리의 삶은 시간과 함께 흘러간다. 곧 시간이 삶이기도 하다. 그러므로 그 시간에 무엇을 하든 대충한다는 것은 삶을 대충 산다는 것과 다르지 않다는 것을 퍼팅 한 번에도 온 신경을 집중시키는 골퍼를 보며 배운다.

쇼를 하라

연습장은 기술을 닦는 곳, 코스는 스코어를 내는 방법을 배우는 곳이다.

-진 리틀러(Gena Littler)

"쇼하지 마." "쇼하고 있네."라는 말을 들어봤거나 해본 적이 있을 것이다. 주로 누군가 거짓된 마음으로 무엇인가를 했을 때 나오는 말이다. 그래서 '쇼한다'는 말은 바로 거짓이거나 사기라고 단정 짓는 경우가 허다하다. 믿음이 가지 않는 상황이나 상대에게 하는 말쯤으로 간주되는 이 '쇼'도 이왕이면 근사하게 해야 한다.

"어~! 이상하다. 왜 그러지?"
한껏 폼을 잡고 힘껏 드라이버를 휘두른 골퍼는 티 위에 얌전히 올라앉은 공을 보며 민망해 한다.

"다시 한 번 해보세요."

한 번 더 치라는 나의 요구에 골퍼는 조금 전과 다른, 다소 풀이 죽은 몸짓으로 스윙아크를 현저하게 작게 그리며 클럽을 휘두른다. 이번에는 임팩트 순간 그립을 놓쳤는지 '틱' 소리와 함께 공이 그대로 티에서 떨어진다. 바로 코앞에.

"박 사장, 너무 긴장하지 말고 심호흡 한 번 하고 다시 치자구! 연습장에선 잘 쳤잖아."

"그러게. 연습장서 보면 박 사장을 누가 초보자라고 하겠어? 거 7번 아이언으로 다른 사람 우드 친 것만큼 보내잖아."

"어이쿠! 이거 맘대로 잘 안 되는데요."

"원래 머리 올릴 때는 다 그래요. 머리 올리는 사람이 실수 한 번 안 하면 우리처럼 몇 년씩 친 사람들은 억울하지"

"고객님, 그럼 7번 아이언은 자신 있으시죠?"

"그렇다고 어떻게 티샷을 7번으로 하나?"

곁에서 지켜보던 동반자 한 분이 7번 아이언을 권하는 나를 나무란다.

"연습 많이 한 자신 있는 클럽으로 치시는 게 더 낫지 않을까요?"

"그래요, 아가씨. 나 7번 좀 줘 봐요. 그건 자신 있지."

7번 아이언을 받아 든 골퍼는 아까의 풀죽은 모습이 아니다. 짧은 순간이지만 표정이 밝아지고 자세 또한 안정적이다.

'휘~익!' 간결한 스윙과 바람을 가르는 클럽소리에 이어 "와~!" 동반자들의 감탄사가 들린다.

연습장에서 하던 그대로 피니쉬 자세를 취하고 있는 골퍼.

"굿~~샷! 나이스 샷! 진작 이걸로 칠 걸 그랬어요."

나도 모르게 큰 박수를 쳤다.

헛스윙 두 번으로 기가 죽었던 골퍼는 금방 의기양양 목소리도 커진다.

"내가 7번은 정말 자신 있거든. 연습을 얼마나 했는데."

"그래도 티샷은 드라이버를 쳐야 폼도 좀 나지. 오죽하면 드라이버를 쇼라고 하겠어!"

동반자들은 못내 아쉬워한다.

"그러게 말입니다. 저도 주워들은 게 있어서 드라이버 좀 쳐볼까 했더니 역시 연습 안 한 클럽은 안 되는데요."

"맞아! 남자는 드라이버 아닌가? 드라이버 기막히게 날아가는 거 보면 속이 뻥 뚫리는 게 얼마나 시원한지."

동반자들의 말을 듣고 클럽을 바꿀까 싶어 나는 은근히 걱정이다. 연습도 제대로 안한 클럽으로 쇼하겠다고 하면 굳이 말릴 수 없다. 클럽 선택은 골퍼가 결정하는 것이기 때문에.

다행히 골퍼는 7번 아이언을 내게 주지 않고 들고 이동한다.

"7번 계속 쓰실 거예요?"

그 질문의 의미는 다음 홀에서 티샷도 7번으로 하겠냐는 뜻이다.

"연습 많이 해서 자신 있는 걸로 쳐야지. 치지도 못하는 거 쳤다가 또 망신당하라고?"

"잘 생각하셨어요. 7번 아이언 쇼도 기막히게 멋졌어요."

골퍼는 나의 말이 맘에 든다고 하면서 그동안 자신이 7번 아이언을 얼마나 많이 연습했는지 장황하게 설명했다.

'오빠부대' '삼촌부대'를 몰고 다니는 아이돌 그룹의 현란한 춤과 노래도 모두 '쇼'다. 그 한 번의 '쇼'를 위해 얼마나 많은 시간 공을 들이고 땀을 흘리는지는 여러 방송 프로그램을 통해 익히 보고 들어서 알고 있다. 스크린을 꽉 채우는 가수들의 '쇼'를 보면서 아무도 거짓이라고 하지 않는다. 대신 요란한 함성과 손바닥이 부르트도록 박수를 보낸다. 구슬땀을 흘리며 연습하고, 또 연습한 노력에 대한 보답이며, 박수 받을 자격이 충분하기 때문에 열광한다.

회사란 무대에서도 마찬가지다. 훌륭한 스펙과 월등한 면접점수로 입사했다 하더라도 자신의 무대에서 실력발휘를 못하면 그 모든 것은 무용지물에 불과하다. 그런데 간혹 그런 사람들이 있다. 가지고 있는 지식이나 실력을 그냥 창고에 물건 보관하듯 차곡차곡 쌓아두고 '나중에' 또는 '기회가 되면' 으로 미루고 아끼다 막상 무대에 서면 자신 없음을 겸손으로 가장하고 내려온다.

'구슬이 서 말이라도 꿰어야 보배'라고 했다. 알고 있으면 구슬로 그치고, 실천했을 때 빛을 뿜는 보배가 된다. 실천한다는 것은 보여주는 것이니 자신의 무대에선 연습한 만큼 최선을 다해 멋진 쇼를 해야 한다. 근사한 쇼를 마치고 나면 더 큰 무대가 기다리고 있다.

나를 알아주는 상사와 일하라

내 기술을 의심한 때는 있어도 내 클럽을 의심한 때는 없다.

-잭 니클라우스(Jack Nicklaus)

"이야~ 이것 봐라! 스코어 기가 막히다."

전반 코스를 마치고 스코어 정리를 하는 나도 놀랐지만, 함께 지켜보던 골퍼들도 놀랐다. 그도 그럴 것이 그들 중 한 명이 전반 36타, 이븐 파(even par)의 스코어를 기록한 것이다.

이븐 파를 기록한 고객은 물론 동반자들도 난리가 났다.

"후반전 기대되는데!"

"김 부장 실력이면 후반 이븐도 문제없을 걸?"

"자네, 언더 파도 해보지 않았어?"

"허허~ 언더는 아직…… 미스 리가 알려준 대로 쳤더니 스코어가 잘 나오는데요. 미스 리, 고마워. 후반도 잘 부탁해."

"그래, 미스 리. 우리 신경 쓰지 말고, 이왕이면 김 부장 언더파 칠 수 있게 해줘 봐."

살랑살랑 봄바람 부는 날, 특명(?)을 받고 후반 코스를 시작한다. 이븐 파를 친 골퍼는 워낙 실력이 좋다. 우선 다른 동반자들과 거리에서부터 비교가 안 되며 방향성 또한 좋다. 코스공략 전술도 뛰어난 편이라 특별히 내 조언이 필요할까 싶을 정도다. 전반 코스에서 좋은 스코어를 기록한 것이 내 덕분이라며, 후반 코스도 부탁한다고 하니 참으로 어깨가 무겁다.

"자, 지금부터 미스 리하고 나하고 내기하는 거야."

"내기요?"

골퍼가 캐디에게 내기를 하자고 하니, '나한테 공을 치라는 소린가? 무슨 이런 경우가?' 하는 생각이 잠깐 동안 머릿속을 스친다.

"미스 리가 조언한 대로 쳐서 내가 파를 잡으면 내가 미스 리한테 오천 원을 주고, 버디 잡으면 만 원 줄게. 대신 보기하면 미스 리가 나한테 오천 원 주고, 더블하면 만 원 주는 걸로. 어때?"

장난처럼 얘기하고 있지만, 골퍼의 눈빛은 진지하다. 생각해보니 그의 실력이면 한번 해볼 만하다는 판단이 선다.

"좋아요!"

내가 너무 선뜻 대답을 해서인지 동반자들이 한마디씩 한다.

"미스 리, 그러다 어제 받은 캐디피 다 토해야 하는 거 아니야?"

"야~ 이거 흥미진진한데! 내일 아침신문 볼 만하겠다. 캐디의 때늦은 후회! 뭐 이렇게 대문짝만하게 나오는 거 아닌가?"

"누가 후회를 해요? 일단 티업 준비하시죠."

'그래 한 번 해보자.'고 마음을 굳혔다. 골프는 운동 중에 선수가 캐디에게 조언을 구할 수도 있고, 공략방법을 의논할 수 있는 스포츠다. 선수와 코치가 함께 게임을 이끌어나간다고도 할 수 있다. 내가 골퍼의 실력을 알고 있으며, 골퍼 역시 나에 대한 믿음이 있으니 어쩌면 환상의 스코어를 기록할 수도 있다는 예감이 강하게 든다.

예상대로 골퍼는 내가 원하는 위치로 티샷을 날린다. 나는 굿 샷 대신 환하게 웃어준다. 다른 동반자들은 자신의 공을 치기보다 나와 김 부장의 내기에 관심이 더 많은 것 같다. 김 부장의 세컨샷이 그린에 떨어지자 나의 '나이스 온!'보다 더 큰소리로 '만 원!'을 외치는 동반자도 있다. '만 원'이란 소리에 모두 유쾌하게 웃는다. 10번 홀에서 투 퍼터를 하는 바람에 파를 기록한 골퍼는 만 원 한 장을 내게 준다. 농담이라 생각하고 시작했는데, 막상 만 원을 받으니 당황스럽다.

"거스름돈 없는데요."

"다음 홀이 있잖아. 그냥 맡아둬."

11번, 12번 홀에서도 골퍼는 연거푸 파를 기록했다. 점점 흥미진진한 게임에 동반자들이 더 신났다.

13번 홀은 파3홀이다. 그런데 고객은 거리보다 한 클럽이 나 긴 클럽을 달라고 한다.

"아니, 담장 넘기시려구요? 이건 너무 길어요. 한 클럽 작은 걸로 깃대보다 살짝만 왼쪽으로 치세요. 오른쪽 벙커 때문에 긴 거 잡으셨죠? 안 돼요."

너무 단호한 나의 말에 동반자들이 대꾸한다.

"야~ 미스 리, 돈독이 올랐구나! 안 된다고 하는 거 봐라!"

"김 부장, 그걸로 쳐서 잘 못하면 미스 리한테 맞겠어."

그런 소리를 들으니 정말로 내가 돈에 욕심이 생겨서 그런가 하는 생각이 들기도 한다.

그런데 그렇지는 않다. 처음 내기 제안을 받았을 때 돈 욕심이 없지는 않았지만, 어느 순간 돈에 앞서 '진짜 18홀 이븐 만들어보자.'는 생각이 마음속에 자라고 있었다.

내가 조언한 대로 한 클럽 짧게 잡은 골퍼가 왠지 불안해 보인다. 골퍼가 불안해하면 제대로 된 샷이 나올 리 없다.

나는 얼른 고객이 처음에 잡았던 클럽을 권한다.

"클럽 바꾸실래요? 불안한 것보다 차라리 긴 게 더 나을 것 같아요."

"어, 아무래도 클럽 바꾸는 게 좋겠어. 고마워."

원래 치고자 했던 클럽을 잡아서인지 골퍼의 연습스윙이 조금 전보다 훨씬 부드러워 보인다. 두 번 연습스윙을 마치고 힘껏 친 공은 예쁘게 포물선을 그리며 날아가 염려했던 우측 벙커를 넘기고 그린을 훌쩍 넘어 오비말뚝 근처에 떨어진다.

"아~."

동반자들의 탄식을 들으며 나와 눈이 마주친 골퍼는 미안한 표정을 짓는다.

"미안해, 그냥 미스 리 말 들을 걸."

"아니에요. 그냥 짧은 클럽 치셨으면 왼쪽으로 확 당겨치셨을 걸요? 왼쪽으로 많이 나가면 더 안 좋아요. 일단 잠정구 치시고, 가보면 되죠. 혹시 알아요? 오비 선상에 걸렸을 수도 있어요."

"캬~ 저 봐라. 끝까지 오비 아니라고 하네!"

"거참, 멀리건 쓰라고 하기도 그렇고……."

동반자들도 애석한 마음을 숨기지 못한다.

"그냥 그 클럽으로 아까보다 조금 부드럽게 한 번 쳐보세요. 방향은 그 방향이 딱 좋아요. 그린이 왼쪽으로 내리막이니까 잘하면 홀 가까이 보내실 수 있어요."

심호흡을 하고 아까보다 더 유연한 연습스윙으로 공을 치는 골퍼. 마치 프로 선수들의 연장전 경기를 보듯 손에서 땀이 난다. 날아가는 공을 따라 동반자들의 머리도 같이 움직인다. 공은 정확하게 그린에 떨어져 왼쪽으로 흘러내렸다가 홀을 아슬아슬하게 스쳐 1미터도 안 되는 거리를 남기고 멈춘다. 그대로 홀에 떨어졌다면 오비가 났더라도 파를 기록할 수 있었을 텐데 하는 아쉬움이 남지만, 어쨌든 진정한 굿 샷이다.

혹시나 하는 기대를 했지만 원구는 오비말뚝보다 더 뒤쪽에 있다. 골퍼는 신중하게 원 퍼트로 그 홀을 마무리한다. 보기다.

14번 홀에서 골퍼는 전 홀에서의 실수를 만회라도 하려는 듯 버디를 잡고 남은 홀은 모두 파를 기록하며 18홀 이븐파, 그의 베스트 스코어를 기록했다.

스코어 카드를 받아든 골퍼는 내게 거듭 고맙다고 한다.

"내가 사람 잘 봤지? 전반 코스 돌면서 보니까 미스 리 실력이면 한 번 해볼 만하다는 생각이 들어서 시작한 건데 기대를 저버리지 않아서 진짜 고마워!"

"고맙습니다."

나는 그의 칭찬을 사양하지 않는다. 왜냐하면 그의 좋은 스코어를 위해 나 역시 그와 맞먹는 만큼의 노력을 했기 때문에.

내가 골퍼의 실력을 알았듯 골퍼 역시 나를 알아본 것이다. '이렇게 나를 알아주는 상사가 있다면 정말 일할 맛나겠다!'는 생각이 든다.

하나하나 세세히 알려주고, 고쳐주고, 다시 할 수 있도록 독려하는 상사도 물론 좋은 상사다. 그러나 부하직원의 장점을 알아채고 실력을 발휘할 수 있도록 동기부여를 하는 상사는 더 훌륭한 상사다. 그런 상사와 일을 한다면 자신감이 배가하여 원래의 능력보다 훨씬 더 훌륭한 일을 해낼 수 있다.

타인의 불행으로 위로받지 마라

공은 절대 똑바로 가지 않는다. 비뚤게 가는 것에 맞춰 칠 때 더 좋은 성적이 나온다.

-최경주

'이상하다, 이 묘한 기분은 뭐지?'

티잉그라운드에서 연습스윙 중인 김 사장과 나를 번갈아 보는 최 사장. 어째 불안한 눈빛이 마치 남의 물건을 몰래 들고 가다 현장에서 들킨 사람 같다. 그는 꼭 길게 늘어선 화장실 줄에 섞여 차례를 기다리는 사람처럼 초조하게 서성인다.

"뭐 불편한 거 있으세요?"

나도 이상한 기운을 떨치지 못하고 전염된 듯 마음이 불안하지만, 지금 상황에서 딱히 뭐가 문제인지 모르겠다. 힐끗거리는 최 사장은 뭔가 알고 있는 것 같은데, 내 눈치만 보는 게 영 찜찜하다.

오너인 김 사장이 어드레스 자세에서 드디어 백스윙 자세로 들어가는 순간, 최 사장의 눈빛이 반짝인다. 시원하게 볼일을 보고 화장실을 나서는 편안한 얼굴로 환하게 웃는다.

"땅!" 경쾌한 드라이버 소리와 함께 최 사장은 두 팔을 뻗쳐 만세를 부르며 티잉그라운드로 올라간다.

"투 벌타! 투 벌타. 저쪽 티잉그라운드에서 쳐야 하는데 다른 데서 쳤어."

이게 무슨 소리야? 정신이 번쩍 난다. 투 벌타라니? 휘둥그레진 눈으로 티잉그라운드를 살피니, 티마크가 얌전하게 나란히 붙어 있는 게 보인다.

아마 잔디를 깎으려고 티마크를 한쪽으로 붙여놓은 듯하다. 최 사장이 가리키는 뒤쪽 챔피언 티가 열린 게 보인다. 아~ 이제야 그 묘한 기분이 뭐였는지 감이 온다.

나와 김 사장, 다른 골퍼들은 이전에 사용하던 티잉그라운드를 아무 생각 없이 쓴 반면, 최 사장은 티마크가 치워진 것을 이미 알고 있었던 거다.

그걸 내가 김 사장에게 알려줄까 봐 그렇게 내 눈치를 봤던 건데 나는 최 사장만 이상하다고 생각하고 있었다.

"투 벌타는 무슨. 얌마! 게임을 하려면 정정당당하게 해야지, 자식이 순 엉터리야. 알고 있으면서 말 안한 게 더 나빠!"

"캐디가 있는데 내가 왜 말을 해? 휴~ 미스 리가 알려줄까 봐 내가 얼마나 마음을 졸였는지 알아? 어쨌든 투 벌타니까 이번 판 보나마나 내가 이겼다."

큰소리치며 의기양양하게 임시로 마련한 티잉그라운드로 가는 최 사장. 얄밉기가 한이 없다.

"죄송해요. 제가 잘 봤어야 하는데…… 벌타 제가 먹을게요."

찬찬히 살피지 못한 미안한 마음에 되지도 않는 말을 했다.

"그래, 이번 판 미스 리가 김 사장 대신 돈 내놓으면 돼. 나는 누구 돈이라도 상관없어."

기분 좋아 죽겠다는 듯 히죽히죽 웃으며 드라이버를 휘두르는 최 사장.

"퍽!" 어째 경쾌한 드라이버 타구음이 아니다. 김 사장에게 벌타 먹일 생각으로 너무 들떴나 보다. 하필 클럽 넥 부분으로 공을 쳐서 방향은 물론 거리도 형편없다. 공이 날아가다 말고 뚝 떨어진다.

"아이쿠~ 이게 뭐야?"

"그러게, 맘을 곱게 써야 공도 쭉쭉 똑바로 날아가지. 거 오비 안 난 게 다행이다. 멀리건 없어 그냥 가!"

자신의 실수를 애석해하는 최 사장을 보며 생각한다.

'그러게. 남이 잘 되기를 바라야 나도 잘 되는 거라고요.'

운동하면서 자신의 실력보다 동반자가 실수하길 바라는 골퍼가 있는 것처럼, 직장에서도 그런 사람이 더러 있다. 직장이란 곳은 소리 없는 전쟁터와 같다. 동료와 똑같이 해서는 미래를 보장받기 어렵다. 누구든 밟고 올라가야 좋은 자리를 차지할 수 있으며 능력을 인정받는다. 당연히 동료의 실수를 지적해줄 마음의 여유가 없다. 차라리 모른 척하고 말지.

그러나 사람은 혼자서는 살 수 없다. 더불어 살아야 한다. 견제보다 함께 살아야 한다.

|

동료의 실수를 바로잡아 준다고 내가 뒤처지는 것은 아니다. 오히려 더 확고하게 실력이 다져지고 끈끈한 인맥이 생긴다.

텃세부리지 말고 떠나라

대통령을 그만두니까 골프에서 나를 이기는 사람들이 많아지더라.

-드와이트 아이젠하워(Dwight Eisenhower)

"회사 다닐 만해?"

카트에 앉은 채로 담배를 피우며 묻는 골퍼.

"야, 말 마라. 나 담배 다시 피운다."

"그러게 내가 뭐래. 그냥 다니던 회사 다니라니까. 연봉이 확 차이 나는 것두 아닌데, 굳이 옮겨서는……."

"일이야 뭐 하던 거니까 그럭저럭 하면 되지. 햐~ 근데, 거 어디 가나 텃세는 왜 그렇게들 심해? 뭘 물어보면 그냥 다 알아서 하라는 거야. 니들도 알잖아. 알아서 하는 게 제일 어려운 거."

"너도 그랬어, 임마. 생각 안 나?"

카트 뒤쪽에 실린 골프가방에서 무언가를 꺼내들고 오던

골퍼가 크게 소리친다.

"내가? 내가 뭘?"

"내 조카가 처음 들어간 회사가 너네 회사였잖아. 조카가 그러더라. 그래도 안면이 있어서 뭘 좀 물어보면 알아서 하라고 했다더라. 그 녀석이 나만 보면 그 얘길 아직도 한다. 그렇게 서러울 수가 없더래. 아는 사람이 더하다고. 너 그때 잘못한 거 지금 벌 받는 거지. 먼저 알고 있는 거 좀 알려주면 어때서. 뭐? 직접 깨지고 몸으로 부딪히면서 배워야 한다고 했다면서?"

"내가 그랬대?"

"그래, 살면서 잘못한 거 언젠가는 다 받게 돼 있어. 그러니까 평소에 잘하라고 하잖아. 이제부터는 나 죽었소 하고 지내. 아니꼽고 더러워도 뭐 어쩌겠냐? 또 사표 낼 거야? 아니잖아?"

가방에서 꺼낸 초코바를 하나씩 나눠주며 계속 말을 이어간다.

"선배님, 선배님 하면서 따라다녀. 나이야 어찌됐건 먼저 입사한 사람은 다 선배야. 괜히 나이 대접받을 생각 말고. 내가 예전에는 뭘 했네 하는 생각도 다 집어치고. 아는 것도 묻고, 모르는 것도 물어봐. 선배는 그러라고 있는 거야. 모르는 건 물어서 실수를 줄이고, 아는 건 또다시 한 번 확인하는 차원에서 물어봐."

"듣고 보니 너도 선배한테 단단히 당했었나 본데?"

"당하기는. 지나고 나니까 그렇다는 걸 알게 된 거지. 난 후배들이 잘못하는 거 다 선배 탓이라고 본다. 제대로 가르쳐 주지 않았거나 잘못 보여줬거나."

"잘못 보인다고?"

"말귀 못 알아듣는 거 보니까 너 고생 좀 하겠다. 집에서 애들이 누구 보고 배우냐? 어렸을 때는 부모들이 하는 거 따라하잖아. 회사 가서는 누구 보고 배우겠어? 앞에서 자리 잡고 있는 선배들 보고 그대로 따라하는 거 아니겠어? 누구 탓할 게 아니라고."

어린 아이들이 걸음마를 시작할 때 수없이 엉덩방아를 찧으면서도 계속 걸으려고 시도하는 건, 제일 먼저 눈에 보이는 부모들이 두 발로 걷기 때문이다. 만일 아빠나 엄마가 두 발로 걷지 않고 기어 다니거나 가만히 앉아만 있었다면 아이들이 걸음을 떼기 위한 노력을 했을까? 아이들은 보는 대로 따라한다.

마찬가지로 어느 곳에 가든지 선배가 있다. 그리고 후배는 선배를 따라하게 마련이다.

'알아서 해.'라는 말은 '나를 잘 보고 따라해.'와 같은 뜻을 내포한다. 그러니 알아서 하란 말을 하려면, 정석대로 업무를 가르쳐주거나, 하나하나 세세하게 알려주거나, 본보기가 되는 행동을 보여줘야 한다.

세상의 모든 선배들에게 부탁하고 싶다. 후배에게 무엇인가를 알려주려거든 대충 뭉뚱그려서 알려주지 말고 확실하고 정확하게 알려주라. 아직은 서툴고 낯선 환경이기에 '알아서 하라'는 말만큼 두려운 소리는 없다.

잘하면 경계의 대상, 못하면 골칫덩이, 비슷하게 맞춰주면 '잔머리'라며 면박 주는 선배가 있다. 그런 걸 두고 '텃세'라고 한다. 그렇게 '텃세' 부리다가는 정말 '텃새'가 되어 발전 없이 제자리만 지켜야 한다.

과정에 충실하고 결과를 받아들여라

좋은 샷은 우연이었고 좋지 못한 샷은 꽤 괜찮은 연습이었음을
깨달을 때, 골프를 잘 공부했다고 할 수 있다.
-게리 플레이어(Gary Player)

"스코어보다는 최선을 다했느냐 안 했느냐가 중요하다."

한창 골프에 미쳐서 공치는 것을 배우려고 연습장에 다닐 때 레슨 프로에게 들었던 말이다. 연습장에서 얼마간 똑딱 볼만 치다가 어느 날 필드로 실전 게임을 나갔다. 라운드라고 하면 배정된 팀의 골퍼들을 모시고 나간 게 전부였다. 다른 골퍼들이 공을 칠 때 이렇게 저렇게 치라고 많은 주문은 해봤지만, 실제로 내가 코스에서 공을 치게 될 줄을 몰랐다. 서비스는 역지사지가 기본이 돼야 한다는데, 골퍼들의 마음을 헤아리고 클럽을 선택할 수 있게 조언을 해주려면 내가 공을 쳐

봐야 하지 않겠나 하는 생각으로 연습장을 찾았다가 나도 모르는 사이 골프에 푹 빠져버렸다.

첫 출발지점인 티잉그라운드에 섰을 때, '아~ 골퍼들이 이런 기분이겠구나!' 하는 마음이 들었다. 마치 소풍 전날 아이처럼 두근거리던 가슴이 더 빠르게 콩닥거린다. 간간이 떠 있는 흰 구름과 배경이 돼주는 파란 하늘, 잘 정돈된 페어웨이에 예쁘게 앉아 있는 하얀 골프공은 그림이나 사진으로만 가능한 것 같다. 내 공은 한 번도 페어웨이로 날아가지 않고, 정말 날아가지 않고 굴러다닌다. 그것도 이상하게 자꾸 풀 속으로. 그동안 일하면서 초보자들의 공이 엉뚱한 방향으로 가는 것을 볼 때마다 이해가 안 됐는데 내가 그 상황이고 보니 진심으로 이해가 간다.

어찌됐든 나의 첫 라운드는 스코어 카드를 기록할 수도 없을 만큼 많은 타수를 치고 기진맥진한 상태로 돌아와야 했다. 돌아오는 차 안에서 풀이 죽은 내가 "백오십 개도 넘게 쳤나 봐요."라고 실망스런 목소리로 말하자 레슨 프로가 이런 말을 했다.

"스코어가 뭐가 중요해요? 배운 대로, 연습한 대로 얼마나 최선을 다했는지가 중요하죠."

이제 처음 시작하면서 좋은 결과가 있기를 바랐던 나의

성급함을 나무랐다.

"유명한 프로선수들도 매번 우승하지는 못해요. 우승 못했다고 한탄하지도 않아요. 그날 게임을 얼마나 즐겼는지, 의도한 샷이 몇 번이나 나왔는지, 지난 번 시합 때보다 미스 샷을 얼마나 줄였는지를 얘기해요."

"그래도 이왕이면 잘 쳐서 남들한테 자랑도 좀 하구."

"에휴~ 결과가 좋으려면 과정에 충실하면 돼요. 어제 심은 나무에 열매 달리는 거 보셨어요?"

결과에 매달리는 나에게 과정의 중요성을 알려준 프로가 없었다면, 지금까지도 나는 라운드의 즐거움을 모르고 숫자에만 집착했을 것이다. 눈에 보이는 뚜렷한 결과물은 보이지 않는 노력과 성실함으로 채웠을 때 비로소 모습을 드러낸다는 것을 알았다. 결과도 중요하지만, 과정에 충실하면 다른 누구보다 자기 자신이 더 만족스럽다는 것을 마음에 새겼다.

스코어 카드에 집착하는 골퍼를 보면 나도 예전의 레슨 프로 흉내를 낸다.

"스코어 카드 그만보고 연습 조금 더 하시면 돼요. 연습한 만큼 결과가 나오는 거잖아요."

결과에만 치중하면 불안하고 초조하다. 너무 빨리 가려 하지 말고, 거품 같은 숫자에 연연하지도 말자. '천리 길도 한걸음 부터'라는 속담이 있듯, 주어진 시간을 충실하게 사용하며 한 걸음 한걸음 지금 하는 일에 집중하며 다가선다면 분명 손 안 에 들어오는 열매는 크고 달콤할 것이다.

멍석 깔아주는 리더가 되라

머리는 스윙균형의 중심이다. 머리가 움직이면 균형도, 스윙의
아크도, 몸의 동작도, 그리고 타이밍까지 바뀐다.

-잭 그라우트(Jack Grout)

"고객님, 앞 팀이 벌써 홀 아웃했는데, 이동을 좀 빨리 해
야겠습니다."

"거참, 아까부터 왜 자꾸 빨리 치라는 거야? 연습스윙도
안 하고 어떻게 공을 치나. 엉?"

화가 단단히 난 골퍼는 이전보다 더 많은 연습스윙을 한다.
뒤 팀이 벌써 와서 대기하고 있는 것을 본 나는 애가 탄다. 그
렇다고 화난 골퍼에게 '빨리 치세요.'를 외치자니 분위기가 더
험악해질 것 같다. 하는 수 없이 골퍼에게 맡기는 수밖에.

'좀 도와주세요.' 하는 눈빛을 그렇게 쏟아부었지만 흔들

림 없이 자신의 페이스를 지키려는 골퍼. 그런 모습을 보고 있자니 인내심의 한계를 느낀다.

"저기……."

"아, 글쎄 내가 알아서 친다잖아! 왜 그렇게 재촉이야? 너 자꾸 그런 식으로 하면 나 여기서 꼼짝도 안 한다."

에구, 드디어 걱정하던 일이 터졌다.

골퍼는 티잉그라운드에서 아주 내려와 드라이버를 흔들며 소리친다.

"아니 공 치러 왔는데 자꾸 빨리 치라고 하면 치지 말고 공 들고 걷기만 해?"

동반자들도 소리치는 골퍼를 말리지 않는 것을 보니 이제까지 불만이 쌓였다는 것을 은근히 표내는 거다.

"죄송합니다. 그런데 뒤 팀을 계속 기다리게 하셔서……."

"니가 자꾸 재촉하지 않으면 우리가 알아서 다한다고. 말 끝마다 빨리 치라는데 기분이 어떻겠어? 그냥 가방 확 싸갖고 나가?"

이젠 아예 운동을 그만둘 셈인가 보다, 가방 싸겠다고 하는 걸 보니. 그런데 내가 뭘 잘못했는지 모르겠다. 혼자 골프장을 전세 낸 게 아니라면 다른 팀들과 어느 정도 흐름을 맞춰야 하는 거 아닌가? 물론 자신이 하던 습관대로 하지 않으면 공을 제대로 칠 수 없으니 어쩔 수 없다고 해도 이렇게 클럽을 휘두를 정도로 화가 나나? 나도 화가 난다.

이런 생각을 하며 이 상황을 어찌해야 좋을까 짧은 순간에 이리저리 궁리를 한다. 언제 왔는지 진행카트에서 부장이 내린다. 소리치는 골퍼 앞에 고개 숙이고 있는 내 앞으로 다가온 부장이 깊숙이 허리 굽혀 골퍼에게 인사를 한다.

"당신은 뭐야?"

성난 골퍼의 화살이 부장에게로 향한다.

"예, 제가 관리잡니다. 지시는 제가 내렸습니다. 잘못이 있으면 저를 꾸짖어주십시오."

평소 농담 잘하고 맘 좋은 상사로만 생각했는데, 이렇게 곤란한 상황에서 흑기사로 나타나주다니!

그런데 내게는 그렇게 고함을 치던 골퍼들이 당당하게 나서서 부하직원의 잘못을 사과하는 부장에겐 주춤한다.

"아, 뭐……."

"뒤 팀 기다린다니 얼른 쳐!"

"그래, 기분 좋게 공 치러 와서 큰소리 낼 거 뭐 있어? 얼른 치자구!"

동반자들이 얼렁뚱땅 분위기를 수습한다.

소리치던 골퍼는 그 사이에 명함을 꺼내 부장에게 건네며 악수를 청한다. 부장과 악수까지 주고받은 골퍼들은 서둘러 티샷을 한다.

"어려울 때는 도움을 청하지, 이렇게 곤란한 상황 만들지 말고……."

부장은 잔뜩 겁먹고 있는 내 어깨를 툭툭 쳐주더니 카트를 타고 휑하니 간다. 그 모습이 마치 악당을 물리치고 마을의 평화를 지킨 주말의 명화에 나오는 멋진 보안관 같다.

어느 조직이든 리더의 역할이 중요하다. 리더의 말 한마디, 행동 하나에 직원들이 자발적으로 움직이며 창의성을 발휘하기도 하고, 반대로 슬슬 눈을 피해가며 시간만 죽이기도 한다. 일을 하는 과정에서는 크든 작든 실수를 하게 마련이다. 이때 담당자를 추궁하며 책임을 전가하는 상사가 있는 반면, "책임은 내가 질 테니 당신은 소신대로 일하라."며 든든한 지원군을 자처하는 상사가 있다. 당신은 어떤 상사와 일하고 싶은가?

엄마처럼 살펴라

골프의 가장 큰 철칙이면서 가장 지켜지지 않는 철칙은 '눈을 볼에서 떼지 말라'이다.

-그랜트랜드 라이스(Grantland Rice)

"덥다고 찬 거 너무 많이 드시면 탈나요."

연거푸 휴대용 아이스박스에서 얼음을 꺼내 우적우적 씹는 골퍼를 보니 걱정스럽다.

"야~ 미스 리, 꼭 우리 엄마 같은 소리하네."

"고객의 안전도 책임져야 할 의무가 있거든요. 배탈 나면 어쩌시려고요? 작년 여름에 진짜로 배탈 나서 중간에 들어가신 분이 계셨어요."

"나는 괜찮아. 집에서도 여름이면 얼음 끼고 사는데 뭐. 오죽하면 운동 오면서 휴대용 아이스박스까지 가지고 왔겠어?"

"미스 리, 걔 걱정 말고 내 걱정 좀 해봐. 내 공 찾을 수 있을까?"

티샷을 산으로 보낸 골퍼가 엄살을 부린다. 카트 운전석 앞에 달린 거울로 뒷좌석의 골퍼를 향해 웃어보였다.

"고객님 거기서 치시면 위험해요. 다쳐요. 공 가지고 오세요."

다른 골퍼의 공을 찾으러 산으로 올라가면서 보니 아래쪽에서 골퍼 한 명이 연못 가장자리 평평한 바위에 올라서 물 끝에 걸린 공을 치려고 한다.

"그냥 쳐두 될 것 같은데."

"위험해서 안 돼요. 그러다 물에 빠지면 큰일 나요!"

아무리 위험하다고 말려도 골퍼들은 웬만해서는 끄덕도 않는다. 원래 골프란 운동이 게임 중에는 공을 건드리거나 만지지 못하게 하는 규칙이 있기 때문에 공이 놓여 있는 상태 그대로 쳐야 한다. 하지만 나는 프로 선수도 아닌 아마추어 선수가 굳이 위험을 감수하면서까지 규칙을 지켜야 할 의무는 없다고 생각한다. 취미 생활에 목숨 걸 이유가 뭐 있을까싶다.

어물쩍 바위에서 공을 치려고 자세를 잡는 골퍼를 향해 언덕에서 뛰어 내려갔다.

"아, 진짜 고객님, 여기서 이러시면 안 된다니까요. 몸도 다치고 클럽도 다치고 마음도 다쳐요."

"뭐야, 지금 내가 실수해서 쪽팔릴 거라는 거잖아?"

"그게 아니라 후회하실 거라는 거죠. 자~ 공은 제가 옮겨 드릴게요."

"그럼 나 벌타 안 먹는다."

진짜 엄마에게 떼쓰는 아이 같은 말투다.

"그깟 벌타가 뭐 그렇게 무서워요? 사람이 더 중요하지. 공 드릴 테니 좋은 데 놓고 치세요."

보채는 아이를 달래듯 골퍼에게 물에서 건진 공을 건넸다.

"잔소리하는 엄마 같은 게 기분이 좋네."

나는 싱긋 웃어주고 자리를 떴다.

맞는 소리다. 엄마만큼 잔소리 많이 하는 사람이 또 있을까? 아침에 눈을 뜨면서부터 시작하는 엄마의 잔소리는 노래 방에서 부르는 18번 애창곡처럼 항상 똑같다.

"아침 먹고 가라." "차 조심해라." "때 되면 꼭 밥 먹어라." "옷 따뜻하게 입어라." "피곤한데 일찍 들어와서 자라." 등등. 어제 아침에 들은 얘기 오늘 아침에 또 듣는다. 아마 초등학 교에 입학하는 날부터 들었으니 수년간에 걸쳐 엄마는 매일 아침 같은 노래를 부르는 격이다. 어느 때는 '아유~ 또 시작이 다.' 싶은 마음이 들기도 하지만, 다시 생각해보면 그게 다 나를 위한 얘기다. 그만큼 아끼고 사랑한다는 소리 아닌가. 엄마의 잔소리만큼 애정이 담긴 말도 없다.

해서 회사에서 만나는 고객들에게 엄마가 하던 잔소리를 조금 변형시켜 돌려주면 고객은 매우 흡족해 한다는 것을 알았다.

'세 사람이 길을 가면 반드시 나의 스승이 있으니 그 선한 것을 골라 따르고 선하지 못한 것은 가려서 고친다.'고 하는 옛말처럼, 살면서 만나는 사람들에게 배울 수 있는 게 참 많다. 그중에 엄마가 나에게 하듯, 만나는 모든 사람을 대할 수만 있다면 인간관계 어려울 게 하나 없다. 먼저 걱정해주고, 관심을 가져주고, 듣고 싶은 말을 해주는데 나의 말에 귀 기울이지 않을 사람이 어디 있을까?

모르는 것은 모른다고 하라

실수할 것이라 생각하지 마라. 그것들은 너를 혼란스럽게 만들고 홀과 멀어지게 할 것이다.

-타이거 우즈(Tiger Woods)

"미스 리, 내 공 어디로 갔어?"

잠깐 한눈파는 사이에 공을 놓치고 내 눈이 허공을 헤매는데 골퍼는 재차 또 묻는다.

"내 공 어디로 갔냐니까?"

'에이, 매일 오른쪽으로 치시니까 그냥 오른쪽으로 갔다고 할까?' '아니야, 이번엔 또 몰라. 자꾸 묻는 거 보니까 오른쪽이 아닌가 봐.' '못 봤다고 할까? 그럼 화내겠지?'

잠깐 사이에 생각은 100미터를 왕복하듯 바쁘게 움직인다.

"솔직히 못 봤습니다. 죄송합니다."

우측이든 좌측이든 어느 쪽이라고 답변을 기다리던 골퍼는 '못 봤다'는 맹랑한 대답에 기가 막힌다는 표정으로 나를 쳐다본다.

"허허 그놈 참, 못 봤다고?"

"죄송합니다. 다음엔 정신 차리고 잘 보겠습니다."

조금 누그러진 듯한 골퍼의 음성에 힘을 얻어 다시 한 번 사과를 했다.

"죄송하다는데 내가 뭐라고 하겠는가? 거 솔직해서 좋구만! 괜히 얼버무리지 않아서 내가 봐준다."

"잘 쳐야지, 어디로 갔는지도 모르게 치면 어떡하나?"

오히려 공의 행방을 물어온 골퍼에게 핀잔조의 농담을 하는 동반자 덕분에 공을 놓치고도 나는 뻔뻔하게 웃는다.

"미스 리가 솔직하게 얘기해서 그냥 넘어가는 거야. 안 그러면 공 찾아오라고 할 참이었어."

"근데 공이 어디로 갔어요?"

"저~기 산으로 올라갔다!"

아이쿠! 순간의 선택이 10년을 좌우한다더니 솔직함을 택한 덕에 등산(?)은 면했네.

정보의 바다라고 하는 인터넷의 발달로 답답한 게 없는 세상이다. 무언가를 하다가 막히면 검색하고, 모르는 게 나오면 탐색하고, 손목운동 몇 번으로 새로운 지식을 얻을 수 있다.

이것저것 다방면의 일들을 모두 앉은 자리에서 보고 듣고 익히니 지식의 양은 방대하나 깊이는 없다. 얕은 지식으로 모든 일을 처리하려니 정형화된 틀을 벗어나기 어렵다. 여기서 들은 얘기 저기서 하고, 저기서 들은 얘기 여기서 하며 세상 이치를 다 깨우친 사람처럼 행동한다.

'인간은 평생 배워야 한다.'는 말처럼 평생 공부하며 살아야 한다. 알고자 하는 게 많을수록 열정적이고 진지하게 살 수 있다. 반면 타인의 지식에 편승해 아는 것이 많은 이들에게 삶은 일상의 반복일 뿐이고 지루하다. 게다가 아는 척하는 이들은 만사를 수박 겉핥는 식으로 설렁설렁 넘긴다.

한 번뿐인 인생에서 주인공은 '나'라고, 세상에서 가장 중요한 사람은 '자신'이라고 외치면서 얄팍한 지식에 만족하면 안 된다. 모르면 모른다고 하자. 모르는 건 흠이 아니다. 알려고 하지 않는 게 흠이다. 어설픈 아는 척은 자꾸 거품을 만들게 한다. 거품이 한순간에 사그라지고 나면, 허망하게 작은 모습을 감추려고 애써야 한다.

주인의식은 버려라

벙커샷에서 중요한 것은 작은 기술을 외우는 것보다 그것을 실행하는 용기다.

-진 사라센(Gene Sarazen)

"뭐하세요?"

티잉그라운드 한 쪽에 쪼그리고 앉아 열심히 무언가를 하는 골퍼. 막 피기 시작한 태양이 따끈따끈하다. 앞 팀이 안전거리 밖으로 이동하려면 조금 더 기다려야 한다. 시원한 나무 그늘이나 카트에서 쉬어도 좋으련만 모자를 푹 눌러쓰고 뒤돌아 앉은 모양새가 꼭 밭에서 김매는 농부 같다. 고객은 양지에서 땀을 흘리고 있는데 그늘에 있기도 뭣해서 가까이 갔다.

그린 잔디 상처 난 곳을 수리하는 그린 포크로 주변의 잡초를 뽑고 있는 골퍼. 그 잠깐 사이에 벌써 수북이 쌓인 잡초

더미가 보인다. 장갑도 벗어던지고 아주 열심이다. 뒷목에 맺힌 작은 땀방울이 눈에 들어온다.

주머니에 있는 손수건을 꺼내드리며 "이걸로 땀 닦으시고 그늘로 가시죠. 잡초는 코스부에 연락하겠습니다."라고 했다.

운동으로 검게 그을린 얼굴을 들고 나를 보는 골퍼는, 풀 뽑는 자세 때문인지 밭일을 하다 새참소리에 일어서는 할아버지 같다.

"이게 얼마나 재밌는데 그러냐. 나는 이게 쉬는 거야. 바쁘지 않으면 시원한 물 한 컵만 가져다 다오."

나더러 같이 풀을 뽑자는 것도 아닌데, 물 한 컵이 무슨 대수라고. 얼른 뒤돌아 뛰었다.

"에잉, 도대체 잡초가 저렇게 무성하도록 놔두다니 그러고도 월급은 꼬박꼬박 받아가겠지."

들고 있는 드라이버로 드문드문 보이는 잡초를 가리키며 못마땅하다는 듯 입맛을 다시는 다른 동반자.

"이따 사장한테 한마디 하고 가야겠어. 회원들이 쾌적하게 운동할 수 있게 해줘야지, 우리가 풀 뽑아가며 운동할 수는 없잖아?"

"그러게 말이야, 지난번에 왔을 때도 그러더니 여전하네. 회원이 주인인데 주인 대접을 이렇게 하나."

마치 게으름 피우는 직원들을 본 듯이 분개하는 골퍼를 향해 풀을 뽑던 골퍼가 소리친다.

"주인나리 이리 와서 같이하시죠. 나리 댁 아닙니까?"

라운드 후 골프백을 차 트렁크에 싣는 사이, 풀을 뽑던 회원이 조수석에서 무엇인가를 꺼내 들고 온다.

"미스 리, 이거 둘 중에 맘에 드는 거 가져가."

보니 한 손에는 자외선 차단 지수가 높은 선크림이, 다른 한 손에는 책이 들려 있다. 사실 코스에서 일을 마치고 집에 가면 잠자기 바빠서 책 읽을 시간은 없다. 그렇지만 이미지관리 차원에서 책으로 손을 뻗쳤다.

"허허, 미스 리가 아주 고단술세! 책을 집으면 덤으로 선크림도 주려고 한 줄 어찌 알았을꼬?"

"네?"

나는 엉겁결에 책과 선크림을 같이 받았다.

"나는 말이지, 일할 때는 내가 사장이다 하는 마음으로 일하면 얼마나 좋을까 생각하는 사람이야. 미스 리도 우리 앞에 나올 때는 회사를 대표해서 일하는 거야. 대표이사 명함 있어야만 대푠가? 니일 내일 나누지 않고 할 수 있는 일을 하는 게 주인이고 대표지."

'사장으로 산다는 것' 책 제목이 커다랗게 눈에 들어온다.

아까 부른 그 '주인나리'는 나였다는 것을 뒤늦게 깨달아 고 개를 들 수가 없었다.

'주인의식을 갖자.'는 말은 해마다 연초나 연말이면 회식 자리에서 빼놓지 않고 나오는 각 회사 대표들의 단골 멘트다. 그런데 이젠 좀 바뀌어야 하지 않을까. 행동이 수반되지 않는 의식은 있으나 마나다. '주인의식' 백 번 부르짖는 것보다 '주 인다운 행동' 한 번이 효과적이고 파급력이 크다. '내가 주인 입네' 하면서 이러쿵저러쿵 아무리 떠들어봐야 팔 한 번 걸어 붙이고 움직이는 것만 못하다는 소리다.

어느 곳에서든 자신의 자리에서 주인의 역할을 잘하는 사 람이 있고, 집 안에서만 주인인 사람이 있다. 사회활동을 하 는 사람이라면 한평생 집에서 보내는 시간보다 밖에서 보내 는 시간이 더 많다.

인생에서 많은 시간을 보내는 집 밖의 세상, 거기에서 주인으 로 살지 못하면 인생의 반 이상을 나그네로 사는 것과 같다. 어느 곳 어느 자리에 있든 지금 내가 있는 자리에서는 주인이 되어야 하고, 주인이라면 마땅히 누가 시키지 않아도 쓸고 닦 고 가꾸는 일을 먼저 나서서 해야 한다. 진정한 주인이라면.

일도 운동도 재미있게 하라

리드미컬하게, 마치 댄스 스텝을 밟는 것처럼 어드레스하라.

-줄리어스 보로스(Julius Boros)

넓은 챙으로 가려도 소용이 없다. 바람을 타고 떨어지는 빗방울이 사정없이 얼굴을 때린다.

'참 미쳤다. 이 비에 그만 들어가지.'

이미 흠뻑 젖은 그립을 비옷 안으로 집어넣고 공을 향해 달려가는 골퍼를 보면서 나는 다시 한 번 '미쳤다'고 생각한다.

장마 끝무렵, 아침부터 오락가락하던 비가 후반코스 들어서면서 본격적으로 쏟아지기 시작한다. 무전으로 듣자니 운동을 포기하고 중간에 들어가는 팀이 한 팀씩 늘어간다. 이제 코스에는 두 팀만 남았다는 무전을 마지막으로 무전기도 조용하다. 그 두 팀 중 한 팀이 바로 우리 팀이다.

두 팀 중에 한 팀이라는 것도 속이 상하고, 아까부터 운동을 그만둘 듯 뉘앙스를 풍기는 말도 약이 오른다.

"이번에 홀 아웃하고 그만둘까?"

"그러지 머."

'이번에는 진짜 홀 아웃하고 들어가려나?' 하는 기대로 모자챙에 줄줄이 달린 빗방울을 손으로 스윽 닦아낸다.

그린에서 홀 아웃하는 골퍼들 눈치를 본다. 아무도 말이 없다. 누군가 먼저 '들어가자'고 하길 간절히 바라는 나의 텔레파시가 통하지 않는다.

"야~ 이거 재미있다. 밖에서 이렇게 비 맞고 다니면 미친놈이라고 할 텐데 시원하고 좋다!"

"그러게, 수중전 할 만 하네!"

'에잉 이번에도 들어가긴 글렀군! 차라리 말이나 말지.' 속으론 궁시렁거리면서도 입으론 다른 말이 나온다.

"하늘 보니 조금 있으면 비 그칠 것 같아요."

"이제 몇 홀 안 남았는데 비 안 그치면 어때. 이것도 다 추억이지. 우리가 언제 또 이렇게 비 맞고 이리 뛰고 저리 뛰고 하겠어."

"진짜 돈 받고 하는 일 같으면 죽어도 못하지. 재미있으니까 이 비 속에도 공을 치지. 누가 시켰어봐라, 벌써 욕 나왔지."

말을 마친 골퍼는 힐끗 나를 바라본다.

"미스 리, 혹시 지금 우리 욕하는 거 아니지, 미친놈들이라고?"

"지금은 아니고요, 아까는 그랬어요."

홀 아웃은 이미 물 건너갔으니 마음을 비우기로 한 나는 아무렇지도 않게 솔직하게 대답했다.

"하하하……."

"지금이라도 들어갈까?"

골퍼들은 서로에게 손가락질과 '미친놈'을 연발하며 웃어댄다.

"들어가긴 뭘 들어가요? 비 맞은 거 억울해서 못 들어가요."

"미스 리도 그냥 우리랑 비 맞고 논다고 생각해. 재밌잖아. 언제 이렇게 옷 다 젖도록 비 맞아 볼 거야? 어렸을 때도 비 맞고 다니면 엄마한테 혼났는데."

"공도 안 나가는데 재미있어요?"

"이런 날 공 잘 날아가길 바랐으면 벌써 들어갔지. 일한다고 생각 말고 논다고 생각해."

말을 마친 골퍼들은 철퍽거리는 물소리를 내며 티잉그라운드로 올라간다.

투둑 투투둑! 마치 문을 두드리는 소리를 내며 빗방울이 모자챙 위로 떨어진다. 아까와는 또 다른 느낌이다. 들어가고 싶은 마음을 접으니 빗소리가 정겹다.

이 빗속에 희희낙락 웃을 수 있다는 것은 정말 재미없으면 불가능한 일이다. 30도를 오르내리는 더위도 아랑곳하지 않고, 굵은 장대비도 그대로 맞으며 코스로 달려 나오는 이유는 그만큼 재미있기 때문이다. 만약 운동 자체가 재미없으면 아무리 많은 돈을 준다고 해도, 또는 그린피를 대폭 낮춘다고 해도 코스는 휑하게 빌 것이다.

모처럼의 휴일, 라운드를 망쳤다고 날씨 탓을 할 법도 하련만 재미로 받아들이고 즐거워하는 골퍼들을 보면서 그들은 분명 운동만이 아니라 모든 일을 긍정적으로 받아들이며 재미있고 즐겁게 인생을 만들어가는 사람들일 거라는 생각을 한다.

Part 3

혼자 이룬 성공은 없다

부지런한 사람은 '새' 잡는다

경기 전에는 항상 환경을 분석해야 한다. 바람과 코스는 말할 것
도 없고 그린의 경사 하나하나를 체크하며 경기 시작 전에 공이
홀에 들어가는 모든 상황을 머릿속에 그려라.

-타이거 우즈(Tiger Woods)

'부지런한 새가 벌레를 잡는다.'는 말이 있다. 그래서인지
'아침형 인간'이 되려는 사람들이 많다. 반면에 '일찍 일어나
는 벌레가 일찍 죽는다.'고 하면서 게으름을 합리화시키는 이
들도 있다. 새 입장에서 보면 좋은 말이지만, 벌레 입장에서
는 큰일 날 소리이기도 하다.

'부지런한 새가 벌레를 잡는다.'는 말은 '부지런한 사람이
기회를 잡는다.'거나, '부지런한 사람이 빨리 성공한다.'라고
바꿔 말할 수도 있다. 이와 반대라면 어떻게 말하든 결과는

좋지 않다.

골퍼들을 봐도 부지런하면 '새(birdie)'를 잡을 확률이 높다. 부지런한 골퍼는 골프장에 오는 시간부터 다르다. 티업시간에 겨우 맞추는 '헐레벌떡'이란 말이 그들 사전에는 없다. 늦어도 최소 30분 전에 클럽하우스에 도착하거나 한 시간 전에 도착한다. 여유 있게 운동복으로 갈아입고 느긋하게 차도 한 잔 마신다. 그런 다음 밖으로 나와 연습그린으로 간다. 퍼팅 연습도 하고 스윙연습을 하며 몸을 푼다. 급하게 도착한 동반자들은 홀 안내하는 캐디의 설명을 들으며 가방을 뒤적이기 바쁜데, 미리 도착한 골퍼는 충분히 몸을 풀었으니 홀 안내를 귀담아듣는다. 그러면서 페어웨이 어느 지점으로 티샷을 날릴지 구상한다. 그만큼 시간적 여유가 많다.

공을 멀리 보낼 것인지, 다음 샷 하기 좋은 안전한 곳으로 보낼 것인지 전략을 세우고, 바람의 방향도 체크한다. 캐디가 어디에서 바람이 분다고 알려주더라도 바람의 세기는 골퍼 자신이 확실하게 느끼고 클럽을 선택해야 실수를 줄일 수 있다. 반면 시간에 쫓겨 급하게 공을 치면 계획이나 전략도 없이 '무조건 돌격'이나 마찬가지로 무모한 도전일 수 있다. 첫 출발지점에서 미스 샷을 하는 골퍼의 대부분은 급히 서두르는 데 그 이유가 있다.

부지런한 골퍼는 다음 샷 장소로 이동하는 중간에 동반자들과 담소를 나누면서도 코스를 살핀다. 물론 동반자들과의 친목이 우선이지만, 점수를 계산하는 운동이니 만큼 스코어 관리도 어느 정도 필요하다. 전략을 잘 세운 골퍼는 캐디가 알려준 거리 이외에도 궁금한 게 많다. 그린 앞 벙커까지 몇 미터인지, 벙커를 넘기는 안전한 거리는 몇 미터인지, 공이 그린을 벗어났을 경우 보이지 않는 장애물은 없는지 등을 계속 묻는다. 그러면서 그린 안의 홀 가까이 공을 떨어뜨리려면 오른쪽이 나은지 왼쪽이 나은지도 확인을 한다.

부지런히 탐색하고 묻고, 계산해서 날린 공은 홀 근처에 떨어진다. 거의 한 번이나 두 번의 퍼팅으로 홀인 시킬 수 있는 거리가 남는다. 그린에서는 또 얼마나 부지런한지 다른 동반자들은 캐디가 공을 닦고 퍼팅라인을 봐줘야 하지만, 부지런한 골퍼는 자신이 직접 움직이며 이리저리 퍼팅라인을 읽는다. 그러다가 나중에 자신이 본 라인이 맞는지 캐디와 확인을 한다. 재차 확인에 확인을 하는데 공이 홀을 비껴갈 리가 있겠는가.

'버디(birdie)'를 잡는 건 그야말로 '식은 죽 먹기'다.

이처럼 부지런한 사람은 어떤 일을 하든 꼼꼼하게 살피

고, 치밀하게 계획하고, 차근차근 탑을 쌓아 성공으로 이끈다. 남들보다 시간적 여유가 있으니 혹여 중간에 실수하더라도 바로잡을 기회가 얼마든지 있다. 또 그 실수를 딛고 더 탄탄하고 높은 성공의 탑을 쌓아올린다. 남들과 같이 해서는 아무리 잘해도 남들과 같은 결과만 있을 뿐이다. 그나마도 미리 쌓아놓은 실력이 부족하면 더 못한 결과를 낳는다.

내 힘으로 성공하려는 각오 없이 다른 이들이 실수하길 바라거나 지름길을 찾는 꼼수를 쓰는 것은 감나무 아래 누워 감 떨어지길 기다리는 격이다. 감나무 아래 있다가 여차하면 떨어지는 감에 맞아 병원으로 갈 수도 있다. 요행이나 운에 기댈 생각하지 말고 조금 일찍 움직이는 '새'가 되어보자!

사람은 큰 돌에 걸려 넘어지지 않는다

골프는 멋진 교훈을 주는 게임이다. 그 첫번째는 자제, 즉 불운
도 감수하는 미덕이다.

－프란시스 위멧(Francis Ouimet)

"골프계의 전설 보비 존스(Bobby Jones)는 1925년 US오픈
마지막 라운드에서 1타차 선두를 유지하며 우승을 눈앞에 두
고 있었으나 러프에서 어드레스 하는 사이 볼이 움직이자 아
무도 본 사람이 없었지만 경기위원회에 자진 신고해 1벌타를
받았다. 이 때문에 공동 1위가 되어 연장전 끝에 결국 우승컵
을 놓쳤다. 보비 존스의 시각에서 보면 누가 보든 안 보든 내
가 저지른 규칙위반은 되돌릴 수 없는 규칙위반이었던 것이
다."('불멸의 골퍼 보비 존스', 〈헤럴드경제〉 2019년 4월 6일)

골프를 '신사의 스포츠'라고 하는 이유가 여기에 있다. 누

가 보든 안 보든 자신의 행위에 스스로 심판 역할을 할 수 있어야 한다.

자신의 실수를 인정하는 것은 용기 있는 행동이다. 실수를 인정하는 용기 있는 행동은 주변 사람들로부터 신뢰를 얻는다. 실수를 인정하는 용기 있는 행동은 당당한 자신감과 여유로운 인간미를 보여준다.

"공 좀 닦아줘."

스스로 마크를 하고 공을 집어 들어 나에게 건네는 골퍼. 훤칠한 키, 뚜렷한 이목구비가 보기 좋은 외모로 캐디들 사이에 인기가 많은 회원이다. 그의 잘생김은 그저 거들 뿐이고 라운드 매너가 좋은 게 인기 있는 가장 큰 이유다.

동반한 캐디에게 매너 좋은 골퍼란, 항상 공을 칠 준비가 되어 있어 시간 낭비하지 않고, 집 나간 공은 아예 거들떠도 안 보고, 두 개 정도의 예비 클럽을 가지고 다니며, 그린에서 스스로 마크할 줄 아는 골퍼다. 굳이 하나 덧붙이자면 앞뒤 팀까지 배려하며 진행에 신경 써주면 금상첨화다.

공에 붙어 있는 잔디와 모래를 닦아내고 골퍼에게 공을 건넨다. 스스로 퍼팅라인을 살피는 것은 설령 홀인 되지 않더라도 책임전가를 하지 않겠다는 표현이기에 홀 주변을 맴도는 골퍼를 보니 흐뭇하다.

"미스 리 여기서 보면 왼쪽 같은데, 그쪽에서 봐도 그래?"

홀 반대편에 있는 내게 묻는다.

"네, 여기서 오른쪽이니까 거기서는 왼쪽이 맞아요."

"오케이 땡큐!"

참 인사성도 밝다.

골퍼가 공을 다시 내려놓는다.

'어라, 거기는 아까 그 자리가 아닌데'

스스로 퍼팅라인을 본 것까지는 좋았으나 공의 위치를 표시해놓은 마크보다 손가락 한 마디 정도 옆으로 비껴서 놓는다.

눈치를 보니 다른 동반자들도 알고 있으면서 말을 안 하는 것 같다.

"공 잘못 놓으신 것 같아요. 원래는 요기에 있었는데……."

골퍼가 혹여 기분 상할까 싶어 끝말을 야무지게 못하고 얼버무리며 공을 놓아야 할 자리를 손으로 짚어주었다.

"어 알아. 근데 거기 놓고 치면 조 앞에 있는 스파이크자국에 걸리잖아."

골퍼는 아무렇지 않다는 듯 말하며 연습스윙을 했다. 나는 눈을 치켜뜨고 바라봤다

"미스 리가 몰랐구나. 저 자식 공치기 좋은 자리에 옮겨놓

고 치는 버릇 있는 거. 페어웨이에서도 라이 안 좋으면 클럽으로 툭툭 쳐서 옮기고 치잖아."

"야~ 우리가 프로선수도 아닌데 머 그렇게 빡빡하게 굴어? 니들도 좋은 자리에 놓고 쳐."

'어머! 저렇게 잘 생긴 얼굴로 어떻게 조런 뻔뻔스런 말을 하지?' 자신의 행동을 아마추어란 이유로 합리화시키려는 골퍼가 다시 보인다. 이제까지 내가 알고 있던 좋은 매너는 그의 겉모습일 뿐이었다. 다른 이들이 침묵한다고, 혹은 본 사람이 없다고 기본규칙을 지키지 않는 그가 너무 실망스러웠다.

'사람은 큰 돌에 걸려 넘어지지 않는다.' 눈에 보이는 커다란 돌이 아니라 보이지 않는 작은 돌부리에 걸려 넘어지는 경우가 더 많다. 준수한 외모로 우리 마음을 사로잡았던 골퍼의 이미지가 한순간의 실수로 실망감을 안겨주었듯, 눈에 보이지 않게 은근슬쩍 숨겨놓은 작은 실수가 쌓이면 커다란 산이 되어 스스로를 덮칠 수도 있다.

인생은 희극과 비극 사이를 오간다

홀은 항상 생각하는 것보다 멀다. 어프로치라면 1야드, 퍼트라
면 1피트만큼 멀리 있다는 것을 잊지 말라.

-찰스 베일리(Charles Bailey)

100미터 지점에서 쏘아올린 공이 포물선을 그리며 날아
오르더니 깃대 옆에 딱 붙어 떨어진다. 공을 친 골퍼도 만족
스러운지 입이 귀에 걸린다. 지켜보던 동반자들이 한마디씩
한다.

"야~ 저건 무조건 오케이다. 버디 오케이!"

"버딘데 오케이가 어딨어?"

"미스 리가 보기엔 저거 몇 미터나 될 것 같아?"

"아무리 그래도 오케이는 아니지. 이번 판 배판인데 무슨
오케이를 줘?"

"오케이 안 받아! 까짓거 얼마 되지도 않겠는데 한 번에 끝내줄게."

그린을 향해 걸으며 말싸움이 치열하다. 90미터, 80미터, 70미터 그린에 가까워질수록 예상대로 '역시'라는 단어가 입 안을 맴돈다.

100미터 지점에서 봤을 때는 공이 깃대 옆에 정말 붙은 듯이 보였는데 점점 가까이 갈수록 깃대와 공 사이가 멀어진다. 조금 전까지 의기양양하던 골퍼의 얼굴에서 웃음기가 사라지고 긴장감이 엿보인다. 반대로 동반자들의 표정은 갈수록 밝아지고 목소리가 커진다.

"저 봐라, 저렇게 거리가 있는데 누가 오케이 준다 그랬어? 너네 한 편이야?"

"5미터 넘겠지?"

한껏 걱정스런 얼굴로 묻는 골퍼. 100미터 뒤에서는 한 번에 끝내겠다고 큰소리치더니 이제는 꼬리 내린 강아지마냥 낮은 목소리다.

"10미터 롱 퍼트도 들어가는데 5미터는 아무것도 아니죠."

"이제 보니까 미스 리가 쟤 편이네."

"니편 내편이 어딨어요? 저는 제 일을 해야죠. 저는 제 편이에요!"

이리저리 퍼팅라인을 살피며 공을 들었다 놓았다 하는 골퍼와 달리 조금 여유가 생긴 동반자들은 농담으로 방해공작을 편다.

"투 퍼터 오케이!"

"자꾸 만지면 커진다."

"니꺼 들어가면 우리는 무조건 오케이다."

'한 번에 끝내겠다.'던 장담을 증명이라도 해보이려는 듯 골퍼는 정말 신중하다. 세 명의 동반자가 이리저리 그의 타수를 늘리려고 방해를 하는데, 나는 그의 퍼팅이 성공하길 바라는 마음이다. 누군가에게 보이기 위해서 저렇게 집중하는 게 아니고 지금은 자신과의 싸움이라고 봐야 한다. 아니 싸움보다는 자신에 대한 믿음이라고 하는 게 맞겠다. '반드시 성공시킬 수 있다.'는 믿음. 장난기가 걷힌 그의 눈빛과 안정된 어드레스 자세를 본 나는 '나이스 버디!'를 외칠 준비를 한다.

"인생은 멀리서 보면 희극이지만, 가까이서 보면 비극이다."라는 찰리 채플린(Charlie Chaplin)의 말처럼 멀리 떨어져서 볼 때는 모든 일이 순조롭게 잘 풀리는 것 같다. 그러나 조금 다가가 그 안으로 들어가면 겉보기와 전혀 다른 상황이 전개될 때가 있다. 그럴 때 지레 겁을 먹고 뒷걸음치는 사람이 있고, 두 팔 걷어 부치고 덤벼들어 해결하려는 사람이 있다.

보기에 좋은 타인의 행복한 삶은 멀리서 바라보는 '희극'과 같다. 그들의 삶속으로 들어가 보면 그들 역시 나만큼 숱한 어려움을 헤치며 산다. 내 어깨의 짐만 무거운 게 아니라 모두 같은 무게의 짐을 지고 살아간다. 다만 그 짐을 기꺼이 지느냐, 거부하느냐에 따라 인생이 희극과 비극 사이를 오갈 뿐이다.

내가 아닌 타인의 삶은 관조할 수 있지만 내 인생, 나의 삶은 내가 덤벼들어야 한다.

잔소리는 관심의 다른 말이다

골프는 돌아가야 할 때 꼭 돌아가야 합니다. 만약 마음을 비우지
못하면 직접 겨냥해서 쏘게 됩니다. 그럼 남는 것은 뼈아픈 실패
뿐입니다.

-최경주

"고객님, 여기는 수리지역이라 공 옮겨놓고 치셔도 됩니다."

페어웨이 가운데 수리지역임을 표시하는 깃발이 꼽힌 것
이 보여 공을 치려고 자세를 잡는 골퍼에게 공을 옮겨놓고 칠
것을 권했다. 수리지역에 떨어진 공은 벌점 없이 옮겨놓고 칠
수 있도록 한 골프규칙에 따른 것이다. 공을 칠 때 잔디가 파
이는 경우가 있어 공이 자주 떨어지는 지역은 잔디보다 맨 땅
이 드러난 곳이 많다. 그렇게 맨땅이 드러난 곳에 놓인 공은
제대로 치기 어렵기도 하고, 자칫 잘못하다가는 부상을 당할

수도 있기 때문에 골프장에서는 수리지역으로 표시해 놓는다.

"그냥 쳐도 되잖아?"

"네, 그냥 치셔도 괜찮습니다. 그런데 잔디로 옮겨놓고 치시는 게 더 유리할 것……."

내 말이 채 끝나기도 전에 골퍼가 공을 친다. '틱' 소리와 함께 공중으로 날아가는 두 개의 물체. 하나는 공이 분명한데 다른 하나는 뭐지? 그나마 공은 뜨기만 했을 뿐 멀리 가지도 못하고 20여 미터 코앞에 툭! 떨어진다. 공이 아닌 또 다른 물체가 오히려 더 멀리 날아가 연못 속으로 '퐁' 소리를 내며 힘차게 떨어진다.

"저건 뭐에요?"

망연자실 서 있는 골퍼에게 당황한 내가 묻자, 골퍼는 대답 대신 손에 쥔 클럽을 들어 보인다. 그립과 샤프트만 남고 쇳덩이로 된 헤드 부분이 떨어져나가고 없다.

머리가 떨어져나간 클럽은 그야말로 볼품없는 플라스틱 막대기에 불과하다. 반들반들 윤이 나도록 닦기도 하지만, 여러 차례 스윙으로 풀과 모래 등에 쓸려 적당히 닳은 클럽헤드는 골퍼의 구력과 실력을 말해주기도 한다. 그런데 그런 이력이 통째로 날아가 물속에 가라앉았다.

"해저드 물 다 빼야 하는데…… 일단, 경기부에 연락해 놓을게요. 그나저나 하필 제일 많이 쓰는 7번이네."

나중의 말은 나의 조언을 무시한 골퍼에게 하는 꾸중(?)의 소리다.

"어…… 저거 헤드 건질 수 있나?"

그제야 정신이 든 골퍼가 더듬더듬 묻는다.

'그러게, 제가 뭐라고 했습니까. 옮겨서 치시라니까.' 하는 말이 목을 타고 넘어오는 걸 간신히 쑤셔넣는다.

"자식아, 그렇게 집에서는 와이프, 운전할 땐 네비, 골프장에선 캐디 말 잘 들어야 만사형통이래잖아. 거 꺼내놓고 치랄 때 말 안 듣더니 꼴좋다."

"헤드 나갔다고 내기 안 하겠다는 거 아니지? 내기는 계속한다~."

"너, 저번에도 클럽 해먹지 않았어? 남의 말도 좀 들어. 다 너 좋으라고 하는 소린데 고집은 왜 그렇게 세?"

동반자들은 위로보다 질책으로 목소리를 높인다. 보탤 수 있다면 나도 한마디 했으면 싶은 마음이 크지만 참는다. 내가 하고 싶은 말을 동반자들이 모두 해주니 시원하다.

'부자가 잔소리를 할 때는 도와줄 마음이 있다.'는 소리라고 한다. 골프장 사정은 골퍼보다 캐디가 더 훤하게 알고 있다. 해서 골퍼가 좋은 스코어를 내기 위해서는 동반한 캐디의 조언을 참고하는 것이 유리하다. 다른 운동경기와 달리 운동 중에도 공략 방법을 캐디와 의논할 수 있는 스포츠가 골프다. 말하자면 조력자 또는 코치와 함께 운동한다고 해도 과언이 아니다. 그런 조력자의 의견을 무시한 채 공을 치고 나선 "아까 그렇게 할 걸." 후회해 봐야 이미 늦다.

비단 골프장 필드에서만 그런 일이 생기지는 않는다. 우리네 삶에도 그런 일은 비일비재하다. 무슨 일을 할 때 이런저런 조언을 해주는 이가 분명 곁에 있다. 가끔은 잔소리라 여기고 무시하기도 하지만, 가만 생각해 보면 그는 이미 그 방면에서 성공했거나, 여러 번 실패한 경험이 있어서 실수하지 않고 빠르고 안전하게 갈 수 있는 길을 알려주고 싶은 거다. 그런데 자신감이 너무 충만한 나머지 다른 이들의 조언이나 충고를 무시하면 더 빨리 갈 수 있는 길을 돌아가야 할 때도 있고, 왔던 길을 되돌아가야 할 때도 있다.

이미 모든 계획을 완벽하게 세웠더라도, 자신감이 하늘을 찌를 듯 샘솟더라도, 누군가 한마디 하거든 잠시 멈추고 다시 한 번 확인하는 점검의 시간을 가질 필요가 있다.

그때도 맞고 지금도 맞다

베스트를 다하여 샷하라. 그 결과가 좋으면 그만이고 나쁘면 잊어라.

-월터 헤이건(Walter Hagen)

"나무 걸리는데…… 어떡할까? 한 번 넘겨볼까?"

그린까지 140미터를 남겨둔 지점. 키가 그리 크지는 않지만 공과 그린 사이 중간에 버티고 선 나무. 한창 잎이 무성해서 공을 높이 띄워 나무를 넘기지 않는 한 빽빽한 잎 사이에 공이 걸릴 확률이 높다. 나무 넘기는 멋진 샷을 보고 싶기는 하지만 내 욕심을 앞세울 수 없는지라 형식적인 말이 튀어나온다.

"레이 업 하시는 게 좋을 것 같아요."

"그렇지? 우측? 좌측?"

"좌측이 홀 공략하기는 더 나은데, 여유 공간이 별로 없어요. 우측으로 벙커 앞까지 70정도 보내면 어때요?"

"캬~ 내 생각하고 똑같네! 맘은 왼쪽으로 가지만 좁아서 갈등 중이었는데."

말을 마친 골퍼는 방향을 우측 벙커 쪽으로 틀어 자세를 잡았다.

"어~ 머리 때렸다!"

70미터만 보내라는 주문에 이자가 붙어서 거의 90미터를 날아가 그대로 벙커에 떨어지는 공. '에휴~ 저럴 것 같으면 그냥 바로 나무를 넘기자고 할 걸' 설령 나무에 걸린다 하더라도 언플레이어블 볼(Unplayable ball)을 선언하고 1벌타만 가산하면 되는데, 벙커에서 한 번에 탈출하지 못하면 벌타 먹은 것보다 못할 수도 있다는 생각에 레이 업을 유도한 것이 후회된다.

"그냥 나무 넘길 걸 그랬어요."

"벙커에서 잘 나오면 되지. 미안해하지 않아도 돼. 저 거리로 왼쪽으로 나갔으면 오비 났겠는데"

골퍼가 미안한 내 맘을 들여다보듯 아무렇지 않게 말하고 벙커를 보며 걷는다.

"미스 리, 레이 업에 잠깐 쉰다는 뜻이 있다는 거 모르지?"

"정말요?"

"두 번에 나눠서 가니까 쉬어간다고 볼 수도 있지. 나도 누구한테 들은 건데 생각할수록 괜찮은 말이야. 한 번에 갈 수도 있지만 쉬어서 간다. 여유 있어 보이지 않아?"

"듣고 보니 그러네요. 그나저나 벙커 턱이 높아서……."

아무래도 벙커에 공이 빠진 게 꼭 내 탓인 것만 같아 자꾸 신경이 쓰인다.

"우리가 아까 대충 친 거 아니잖아. 생각하고 생각해서 그때는 그게 가장 좋은 방법이었으니까 그렇게 친 거야. 지금은 또 나름대로 잘 치면 되는 거고."

함께 그린공략 작전을 펼쳤다고 '우리'라고 하니 기분이 좋다.

벙커 정리기를 한 편으로 가지런히 놓아둔 골퍼는 클럽을 단단히 고쳐들고 저벅저벅 벙커로 들어갔다.

'그때 그러지 않았으면…….' '그때 그렇게 할 걸.' 같은 후회를 반복하며 사는 이들이 많다. 그런데 '그때는 그게 제일 좋은 방법이었다. 지금은 또 나름대로 잘하면 된다.'는 골퍼의 말은 남다른 해석을 하게 만든다.

무수히 많은 선택의 기로에 서야 하는 삶. 그때마다 항상 최선이라 생각하는 선택을 하지만 결과에 따른 평가가 다 만족스럽지는 않다. 정해진 틀 안에 들어맞으면 선택을 잘한 것에 흡족해 하고, 그렇지 않을 경우에는 자책과 절망과 후회로 많은 시간을 보낸다. 이미 지나간 일을 생각하며 후회만 하는 것은 그야말로 쓸데없는 시간 낭비다.

|

선택의 순간, 한 번의 망설임 없이 이것이든 저것이든, 이쪽이든 저쪽이든, 이 사람이든 저 사람이든, 단시간에 결정하지 못한다. 몇 날을 고민하고, 몇 번을 망설이다 가장 최선의 방법을 택하는 것이다. 그러니 그때의 선택이 잘못이었다고 후회하지 않아도 좋다. 다만 그 선택이 당장 눈앞의 이익이나 이기적인 발상으로 남에게 피해를 주지 않는다면 우리의 선택은 항상 '그때도 맞고 지금도 맞다.'

귀신은 내가 만든 두려움이다

클럽이 무서울 이유가 없다. 왜냐하면 볼을 멀리 날리는 것은 그 중량이 아니라 그 속도이기 때문이다.

-에이브 미첼(Abe Mitchell)

아직 해가 뜨려면 조금 더 기다려야 하는데 어슴푸레 푸른빛이 감도는 하늘 한 번 올려다본 후, 부장님이 코스로 나간다. 골퍼들이 라운드 시작하기 전에 미리 코스 시설물을 점검하려는 거다.

가끔 부장님은 어두운 코스에서 귀신을 보았노라고 말하곤 했는데 나는 그럴 수도 있다고 생각했다. 코스의 3분의 2가 매립지고 그 나머지 부분은 예전에 묘지로 사용했던 자리가 여기저기 남아 있다는 소릴 들었기 때문에 분명 '묘지 주인들이 한밤중에는 코스를 돌아다니지 않을까' 하는 생각이 들어서 새벽에 코스 나가는 것을 두려워하기도 했다.

그러다가 정말 나도 귀신을 만났다.

늦가을 어느 날이었다. 첫 팀은 항상 해 뜨기 전에 출발시켜야 한다. 그래서 첫 팀은 항상 불만이 많다. 사전에 미리 본인들의 예약시간을 알기는 하지만 막상 티잉그라운드에 올라서면 생각이 달라진다.

'이렇게 어두운데 조금만 더 있다 나가겠다.' '첫 홀은 안 보일 때 출발했으니, 마지막에 한 홀 더 칠 수 있게 해주느냐?' '새 공 잃어버리면 안 되니까 헌 공을 하나 다오.'라는 등 별 희한한 요구 사항들이 많다. 그중에 '코스 중간지점에 공략방향을 알 수 있도록 등을 설치해 달라.'는 얘기가 나왔다. 진행 협조만 해준다면 어떤 요구라도 다 들어줘야 할 판인데 그 정도는 아무것도 아니다.

평소에 안개가 많이 낀 날 코스 중간에 설치하는 안개등을 새벽마다 설치하고, 해가 뜨면 수거하기로 했다. 문제는 '누가 설치하느냐'였다. 진행과 관계있는 경기부에서 하는 것이 당연하니 경기부 직원 중에도 가장 먼저 출근하는 사람이 설치하기로 했는데, 어쩌다 보니 거의 내가 도맡아하게 됐다.

새벽 찬바람에 나서니 처음엔 무섭다는 생각이 온통 머릿속을 채웠다. 하지만 서늘하면서도 상쾌한 새벽공기를 접하면 아직 남아 있는 잠이 달아나고 정신이 번쩍 든다.

'아, 이런 맛에 부장님이 새벽에 코스를 나가시는구나!'

어스름 푸른빛이 감도는 코스에 얼굴을 디밀면 꼭 아무도 밟지 않은 첫눈을 가장 먼저 밟는 느낌이다. 기분 좋게 진행용 카트에 안개등을 싣고 코스 중간지점쯤 도로에 카트를 세운다. 코스 안으로 카트를 타고 들어갈 수 없으니 안개등만 꺼내들고 코스로 들어선다.

새벽 공기가 콧속으로 훅 들어오면서 비릿한 풀냄새를 느낀 순간, 내 곁에 누가 서 있다. 온몸에 소름이 돋고 머리카락이 쭈뼛 곤두선다. 마치 얼음땡놀이 하는 아이처럼 몸이 굳은 채로 움직이질 않는다. 눈동자만 옆으로 돌려본다. 하얀 옷을 입은 훌쩍 키가 큰 귀신이 내 옆에 나란히 서 있다. 돌아서 카트 있는 곳으로 뛰자니 등 설치를 안 했다고 난리가 날 것 같고, 등을 설치하려니 몇 걸음 더 전진해야 하는데 그 사이 저 귀신이 나를 가만히 놔둘까?

그래도 살아 있는 고객이 더 무서운 나는 한걸음 한걸음 조심스럽게 전진한다. 처음엔 미미하게 움직이던 귀신이 내가 전진하자 그 자리에 그대로 멈춰 선다. 내가 돌아설 때 덮치려나? 안개등을 잔디 위에 내려두고도 나는 얼른 몸을 돌리지 못하고 망설인다.

아까까지는 손에 등이라도 들려 있었지만, 지금은 빈손인데 '휘두를 거라도 가지고 나올 걸' 하는 생각과 하필 가볍게 나온다고 무전기도 안 가지고 나와서 누구에게 연락할 방법이 없다.

'도움을 청하지도 못하고 쥐도 새도 모르게 잡혀가겠구나. 너무 오래 다녀서 골프장 귀신 되겠다고 남들이 그러더니 진짜로 귀신 되겠네.' '이대로 시간을 끌다보면 해가 뜰 것이고, 그러다 보면 귀신은 도망가지 않을까?' 이런저런 생각을 해본다. 그런데 여기서 시간을 끌다가 첫 팀이 친 공에 맞기라도 한다면 병원에 실려 가는 것은 마찬가지다. 잡혀갈 때 잡혀가더라도 어떻게 생긴 귀신인지는 똑똑히 봐야겠다는 마음으로 두 눈을 부릅뜨고 휙 돌아선다.

아~ 이런! 엄청 키가 큰 가늘고 긴 귀신이 흐느적흐느적 하늘로 올라간다.

귀신의 정체는 바로 코스 중간에 있는 배수구 뚜껑을 통해 새어나오는 허연 수증기 기둥이었다. '차~암, 누가 눈 옆에 밥풀 붙이고 죽어라 달렸다더니……' 잔뜩 긴장하고 있던 몸이 수증기처럼 풀어지면서 땅으로 꺼질 것 같다. 휘청거리는 다리를 겨우 바로잡고 한걸음 옮겼는데, 이번에는 또 검은 귀신이 옆에서 움직인다. 이번에는 다리가 긴 검은 귀신인데 한

놈이 아니다!

'아니, 오늘 나한테 왜 이래? 매일 만나는 부장님이 이젠 싫증났나?'

이번 놈은 계속 따라온다.

'내가 카트 타는 게 더 빠를까? 잡히는 게 더 빠를까?'

이런 생각을 하면서 부지런히 걷는다. 그런데 계속 일정한 간격을 유지하고 따라오기만 하는 게 이상하다. '이것도 혹시?' 하는 생각이 들어 뛰듯이 걷던 걸음을 멈추고 오른쪽으로 고개를 획 돌린다. 이번 검은 귀신은 잔디 위에 길게 누웠다. 흐흐흐. 왼쪽 클럽하우스 2층 불빛에 내 그림자가 진한 놈, 흐린 놈으로 나뉘어 납작하게 누운 게 보인다.

허연 귀신, 검은 귀신을 본 그날 아침 나는 아주 중요한 것을 깨달았다. 우리가 무서워하고 두려워하는 것의 실체는 사실 별것 아닌 허상이라는 것.

무엇인가 시도하기도 전에 지레 겁을 먹고 '안 될 거야!', '안 되면 어쩌지?' '내가 그걸 할 수 있을까?' 망설이는 것은 눈에 보이지 않는 귀신을 만들어두고 무서움에 떨며 움츠리는 것과 다르지 않다.

가장 흔히 하는 말로 "피할 수 없으면 즐기라."고 한다. 그러나 즐기기가 어디 그렇게 쉬운가. "피할 수도 없고 즐길 수도 없으면 정면으로 부딪쳐라. 똑바로 쳐다볼 때 두려움의 귀신은 사라진다."

틀을 깨면 더 멀리 갈 수 있다

여성이라 하여 여성답게 샷을 해서는 안 된다.

-낸시 로페즈(Nancy Ropez)

"여기 몇 미터나 돼요?"

페어웨이 한가운데 서서 사방을 두리번거리던 골퍼가 묻는다.

"거리는 120인데, 120 다 치면 길 것 같아요. 홀이 앞에 있거든요."

"그럼 얼마나 쳐야 돼요? 110?"

"그 정도면 거의 온 그린 시키실 수 있겠는데요. 몇 번 클럽으로 드릴까요?"

"잠깐만요, 어디 보자."

골퍼는 상의 윗주머니에서 작은 메모지를 꺼내든다. 사실

진작부터 궁금하던 참이었다. 공을 칠 때마다 한 번씩 메모지를 꺼내들고 유심히 살펴보는 모습을 첫 홀부터 계속 봐왔다.

"그게 뭔데 아까부터 계속 보세요?"

"아~ 이거? 몇 번 클럽이 몇 미터 나가는지 적은 거야. 110이면 9번 아이언이네! 9번으로 주세요."

마치 음식점에서 메뉴판을 보고 음식을 주문하는 것처럼 메모지를 보고 나서 사용할 클럽을 알려준다. 주문받은 클럽을 가져다주면 좋겠지만 이미 몇 홀 지나오는 동안 골퍼의 거리가, 교과서적인 평균거리보다 더 멀리 공을 보낸다는 것을 알면서 그대로 줄 수는 없다.

"고객님은 기준거리보다 한 클럽 정도 짧게 잡으셔도 되겠던데요. 평균거리보다 더 많이 나가요."

"어? 그게 무슨 말이에요? 여기 적힌 대로 치는 거 아니었어요?"

아하~ 골퍼는 아직 자신의 거리를 확실히 모르고 누군가 알려준 평균에 맞춰 공을 치고 있었던 거다. 일반적인 평균 남성의 기준거리를 메모지에 적어 갖고 다니면서 공을 칠 때마다 공이 날아가는 평균거리에 해당하는 클럽을 사용한 것이다.

"이 표는 클럽별 평균거리구요. 이보다 더 멀리 보내거나 더 짧게 보내시는 분들도 있어요. 꼭 이 거리에 맞춰서 클럽 사용하시는 게 아니고 고객님 실거리에 맞는 클럽을 사용하셔야지요."

"난 이제껏 이대로만 쳤는데……."

"그 메모지는 이제 버리셔도 되겠어요. 아마 처음 배울 때 참고하라고 주신 것 같은데요."

"그런 건가? 난 계속 여기에 맞춰서 쳐야 하는 줄 알고. 어쩐지 공이 자꾸 멀리 가더라. 난 또 내가 잘 못 친 줄 알았더니 아니네."

기준이 있으면 좋다. 규격화된 제품을 만들기 위해선 기준이 반드시 필요하고 틀이 필요하다. 무언가를 만들기 위해 사용하는 나사못이나 부속물은 틀을 벗어나면 불량품이란 이름을 붙여 폐기처분하거나 재생 가능한지의 여부에 따라 분류한다. 그러나 기계나 제품의 부속물이 아닌 사람은 이와 달라야 한다. 틀에 맞춰 주어진 일만 하는 사람은 고여 있는 물과 같다. 고인 물은 반드시 썩는다. 사람이 동물과 다른 점은 생각할 수 있다는 데 있다. 생각은 곧 행동을 만들고 행동은 그 사람의 삶을 변화시킨다.

어느 조직이든 직무 수행을 하는 데 있어 기준이 되는 업무지침이 각 부서별로 있기 마련이다. 업무지침이란 다름 아닌 어느 누가 그 일을 하더라도 처리 결과가 이전과 같게 나오도록 틀을 만들어놓은 것이다. 당연히 틀을 거친 업무는 특별하지도 새롭지도 않다. 항상 같은 결과만이 있을 뿐이다.

성공한 사람들은 틀을 벗어나 자신의 능력을 최대한 발휘한 사람들이다. 자신의 틀을 깨본 사람만이 앞으로 나가는 길을 발견한다. 스스로 한계를 두어 틀 안에 갇히지 말자. 이미 만들어진 기본 틀에 안주하지도 말고 사고의 영역을 넓혀보자.

무기는 많을수록 좋다

옛날 골퍼들은 몇 개 안 되는 클럽으로 여러 스윙을 했지만, 현대의 골퍼들은 많은 클럽을 써서 똑같은 스윙을 한다.

-버너드 다윈(Bernard Darwin)

골퍼들은 공을 칠 때 공이 놓여 있는 위치에 따라 스윙 자세가 달라지며, 아무리 실력이 탁월한 프로골퍼라 해도 한 개의 클럽만 사용하지 않는다. 잔디를 짧게 잘 정비해 놓은 페어웨이에서 치는 것과 손질하지 않고 내버려둬 잡초 무성한 러프지역에서 공을 칠 때는 같은 거리에 있더라도 다른 클럽을 사용한다. 공의 위치나 상황에 맞는 클럽을 사용한다는 얘기다. 그럴 필요가 없다면 무거운 골프백 대신 한 개의 클럽만 간단하게 들고 다닐 것이다.

이렇듯 목적지까지 가기 위해서는 여러 개의 클럽과 다양한 공략방법을 필요로 한다. 야구에서도 일관되게 동일한 구질의 볼만 던지는 투수보다는 직구와 변화구를 자유자재로 구사하는 선수가 게임에서 유리한 것과 같다. 골퍼들도 클럽이 많으면 많을수록 더 좋은 스코어를 낼 수 있다.

"굿 샷!

파랗다 못해 금방이라도 퍼런 물을 쏟아부을 것만 같은 새파란 하늘을 가르며 날아가는 공. 참으로 기가 막힌 장면이다. 푸른 가을 하늘에 하얀 골프공이 그리는 포물선을 보며 나는 커다랗게 굿 샷을 외친다.

'이 맛에 일하는 거지.'라는 생각을 하며 방금 공을 친 골퍼의 손에 들린 클럽을 받으려고 손을 뻗치는데 골퍼가 한마디 한다.

"미스 리 멘트 좀 바꿀 생각 없어? 할 줄 아는 말이 굿 샷뿐이야?"

뻗친 손을 거두지도 못하고 나는 마네킹처럼 서서 골퍼를 바라본다.

"굿 샷을 굿 샷이라고 하지 그럼 뭐라고 해?"

동반한 친구가 나보다 먼저 묻는다.

"아니~ 내가 미스 리를 안 지가 벌써 3년이 다 돼 가는데,

굿 샷 말고 다른 말 하는 걸 들은 적이 없어서 그래."

"거 일관성 있고 좋네!"

"일관성도 좋지만 사람이 좀 변화가 있어야 지루하지 않지."

"야~ 공치기도 바쁜데 지루할 틈이 어딨냐?"

"사람 변하면 죽는다더라. 미스 리 신경 쓰지 말고 하던 대로 해. 저 자식 괜히 돈 잃으니까 심술부리는 거야."

골퍼들이 저마다 한마디씩 하는 사이 얼었던 몸은 풀렸으나 마음은 얼음처럼 깨지고 있었다.

'할 말이 굿 샷뿐이 없어?' 라운드 내내 이 말이 머릿속에서 떠나질 않는다. 정작 그 말을 한 골퍼는 잊었을지도 모르는데 '나는 어째서 지금까지 한 번도 그런 것을 생각하지 못했을까?' 하는 마음과 함께 그동안 너무 안일하게 일하고 있었다는 부끄러움으로 나머지 홀을 어떻게 지났는지도 모르고 마쳤다.

생각해보니 처음 교육받을 때 외웠던 홀 안내 문구를 한 번도 바꾸지 않고 사용하고 있다. 물론 그것을 가지고 아무도 뭐라 얘기한 적이 없었으니 매일 같은 말만 앵무새처럼 반복했다. 내게 익숙해서 편하다고 다른 이들도 같을 것이라는 생각은, 맛있다는 말을 철석같이 믿고 1년 내내 같은 반찬만 꾸준히 식탁에 올리며 맛있게 먹기를 바라는 것과 다를 게 없었다.

사람의 얼굴이 모두 다른 것처럼 상대를 대할 때의 방식과 태도 역시 달라야 한다. 그렇지 않고 어느 누구를 만나든 '나는 원래 이래.' 하는 나만의 방식을 고수한다면, 상대 또한 그만의 방식으로 맞설 것이 뻔하다.

골퍼들이 장소와 상황에 따라 사용하는 클럽이 다르듯 인간관계도 마찬가지다. 만나는 사람과 시간, 장소에 적합한, 그 상황에 맞는 모습을 보여야 한다. 즉 사람은 시시각각 변하는 게 당연해야 한다. 변하지 않는 사람은 한 가지 무기만 들고 여러 싸움터를 기웃거리는 것과 다르지 않다.

인생도 연습이 있다

위대한 플레이어일지라도 여러 차례 패하는 것이 골프다.

-게리 플레이어(Gary Player)

'땅' 경쾌한 소리와 함께 포물선을 그리며 날아가야 할 볼이 기대를 저버리고 얼마 못가 잡초 무성한 러프지역으로 떨어진다. 볼이 떨어진 지점을 확인한 골퍼는 돌아서서 동반자들에게 한마디 한다.

"멀리건!"

골프용어 중에 '멀리건(mulligan)'이란 '다시 한 번 더 볼을 칠 수 있는 기회'를 말한다. 친 볼이 의도치 않게 경기구역을 벗어나거나, 자신이 원하는 방향이 아니거나, 보내고 싶은 만큼의 거리가 안 났을 경우에 동반자들의 동의를 받고 한 번 더 칠 기회를 얻는 것이다.

18홀을 라운드하는 동안 골퍼들은 실력에 상관없이 한두 번 정도의 멀리건은 사용한다. 골프는 인생과도 많이 비교하는 운동인데, 이런 멀리건이 있다는 점은 인생과 다른 듯싶다. '인생은 연습 없이 오직 한 번뿐'이라고 하니까 말이다.

과연 우리의 인생은 연습이 없는 실전의 연속일까? 서비스에 관한 강의를 듣거나, 서비스에 관한 책을 보며 '역지사지(易地思之)'를 반복적으로 듣다 보니, 일상의 모든 현상을 바꿔서 생각하는 습관이 생겼다.

'인생엔 연습이 없다.'는 생각을 뒤집어본다. 골프에서의 '멀리건'과 같은 다시 한 번의 기회가 우리 인생사에 얼마든지 있음을 발견할 수 있다.

에디슨의 전구를 보더라도 단 한 번의 도전으로 전구를 만든 게 아니다. 오늘날과 같은 전구가 탄생하기까지 수없이 많은 실험과 실패를 반복했다. 계속되는 실패에도 에디슨은 포기하지 않고 '다시!'를 외치며 달려들었다. 골프에서 말하는 '멀리건'을 외친 것이다.

무슨 일이건 처음은 누구나 서툴고 부족하다. 그러나 같은 일을 반복적으로 하다보면 익숙해지고, 날마다 다르게 발전하며 실패의 원인을 찾아내고 보완할 수 있다. 실패는 모두 연습이다. 오늘은 어제 연습한 결과로 조금 더 나아진 것이고,

내일은 오늘 연습량에 비례하여 더 나은 자신으로 변화한다.

성공한 사람들은 숱한 도전과 실패를 거듭한 후에 자신이 원하는 것을 얻을 수 있었고, 성취한 후에 '성공했다'고 말한다. 하루아침에 성공하길 바라고, 잘 되길 바라고, 원하는 것을 얻길 바란다면, 배고프다는 생각이 든 순간 밥이 입안으로 들어와 있기를 바라는 것과 같은 무모한 발상이다.

'한 번뿐인 인생'이라 실패하는 것이 두려워 아무것도 하지 않고 생각만 하고 있다면, '인생에도 멀리건이 있다.'고 알려주고 싶다. 인생에서의 실패는 골프에서 멀리건을 사용하는 것과 같다.

실패했다고 인생 무대에서 내려와야 하는 것은 아니며, 한 번의 실패가 영원한 실패도 아니다. 심기일전하여 다시 도전해야 한다. 넘어진 곳이 웅덩이라면 웅덩이를 단단하게 메우고, 걸림돌이 있다면 돌덩이를 치우고 가야 한다. 거듭되는 실패는 성공을 위한 연습이다. 그러니 오늘도 좌절을 맛본 그대는 시도하지 않은 다른 이들보다 한 번 더 연습한 셈이다.

어쨌든 공은 내가 쳐야 한다

아무리 친한 동료들과의 플레이라도 티에서 그린까지에는 그들이 전혀 모르는 타인처럼 보일 때가 있다. 특히 그 세 명이 페어웨이에 있고, 자기만 숲속에 있을 경우 더욱 그렇다.

-밀튼 그로스(Milton Gross)

"골프는 몸이 아니라 정신이 지배하는 게임이다."라는 어느 기자의 글을 읽은 적이 있다. 맞는 말이다. 그래서 골프를 다른 말로 멘탈 스포츠라고도 한다. 골프만 그런 것이 아니다. 모든 운동에서 정신력을 뺀다면 과연 드라마틱한 명승부가 나올 수 있을까? 구름 같은 관중을 열광케 하는 스타선수가 탄생할 수 있을까?

"아이~ 진짜, 오늘 왜 이러지?"

'그러게.'

번번이 홀을 피해 굴러가는 공을 보며 짜증을 내는 골퍼 뒤에서 나도 속으로 중얼거린다. 열두 홀을 지나오는 동안 홀마다 스리퍼트다. 드라이버 티샷 짧게 나간 것보다 더 기분 나쁘다는 스리퍼트를 연달아한 저 속은 얼마나 부글거릴까.

클럽 던지는 건 아닌지 은근히 걱정이다. 그보다 혈압이 올라 쓰러질까 더 걱정이다.

"어디 편찮으세요?"

퍼터를 받으며 조심스럽게 물어본다.

'아무리 컨디션이 난조라 해도 그렇지 어떻게 열두 홀 내리 스리퍼트를 해요? 기네스북에 올라야 하는 거 아니에요?'라는 말이 목구멍까지 올라오지만 불난 데 부채질하다 화풀이 당할 수 있으니 참는다. 그래도 궁금하기는 하다. 도대체 뭐가 문제인지. 어쩌다 한 번 하는 실수는 웃어넘길 수 있지만 지금은 화약이 장착된 조끼를 입고 있는 셈이라 함부로 웃을 수도 없고, 그저 조심스럽다.

"몰라, 입스(yips) 왔나봐. 퍼터만 잡으면 불안해서 어떻게 쳐야 할지 모르겠어."

골퍼는 아예 자포자기 상태다. 전반코스까지만 하더라도 스리퍼트에 대한 농담이 오고가더니, 지금은 아예 팀 분위기

자체가 장례식장을 연상할 만큼 엄숙하다. 구력이 어느 정도 되는 골퍼들인지라 입스로 인한 정신적 스트레스를 한 번쯤 겪어보았거나, 주위 사람들에게 들어서 알고 있을 테지만 정작 당사자에게 무어라 할 말을 찾지 못한다. 다들 그의 눈치 살피기 바쁘다. 자연히 말수가 줄어들어 조용하고 엄숙하다.

"미스 리가 내 대신 좀 쳐주라."

내가 준 퍼터를 도로 주며 웃지도 않고 말하는 골퍼. 또 실수할까 두려운 기색이 역력하다.

첫 홀에서 인사할 때의 호기롭던 모습은 어디로 사라지고, 조바심 가득한 모습이 안쓰럽다. 정말이지 내가 대신할 수 있는 일이라면 해주고 싶은 심정이다.

그렇지만 공은 골퍼가 쳐야 한다. 아무리 유능한 캐디를 동반하고 게임에 임해도 캐디에게 대신 공을 치라고 할 수는 없다. 그것은 게임을 포기하거나 경기에서 기권하겠다는 소리나 마찬가지다.

"한 번에 넣을 생각하지 말고, 두 번만 치겠다고 생각하시면 어때요?"

"지금 나 위로하는 거야? 격려하는 거야?"

"거리만 알려드리려고 제가 있는 거 아니거든요."

"아~ 정말 오늘 18홀 길다. 나 컨시드 주면 안 돼?"

동반자들을 향해 볼멘소리를 한다.

"얌마, 어쨌든 쳐야지. 아무 때나 컨시드 받으면 버릇돼서 나중에는 더 못 칠 수도 있어. 그냥 쳐."

어떻게 보면 참 야박한 동반자라고 생각할 수도 있지만 옳은 말이다. 스스로 극복할 수 있어야 발전할 수 있다는 뜻 이니까. 연속되는 불운이나 상황이 안 좋다고 처마 밑에서 비를 피하듯 멈춰 있을 수는 없다. 비는 개인 후에 가던 길을 계속 가면 그뿐이지만, 운동하면서 부딪히는 입스는 비와 달라서 스스로 극복하기 전에는 벗어날 수가 없다. 해서 운동할 때는 강한 체력도 필요하지만 건강한 정신력도 필요하다.

스포츠만 정신이 필요한 게 아니다. 인생을 살아가는 데 있어서 가장 필요하고 중요한 것도 '정신'이다. 세상에 태어나 사물을 분간하기까지 얼마간의 기간을 제외하면, 인생이야말로 정신의 지배를 받는다. '생각한 대로 살지 못하면, 사는 대로 생각하게 된다.'라는 말처럼.

지금 하는 일이 힘들고, 조건이 나쁘고, 상황이 어렵다고 제자리에서 기다려봐야 아무도 나를 대신해주지 않는다. 골퍼가 자신의 공을 쳐야 하듯 어쨌든 내 인생은 내가 살아야 한다.

Part 4

사람은 신이 내게 보내준 선물이다

목표를 보는 사람, 장애를 보는 사람

바람은 훌륭한 교사다. 바람은 그 골퍼의 장점과 단점을 극명하
게 가르쳐준다.

−해리 바든(Harry Vardon)

"저기 저 벙커까지 몇 미터야?"

참 이상하다. 저렇게 넓은 페어웨이를 놔두고 굳이 우측
가장자리에 있는 모래 웅덩이를 바라보는지. 페어웨이 가운
데 붉은 깃발로 선명하게 표시해놓은 곳으로 공을 보내라고
친절하게 또박또박 알려드렸건만 목표지점보다 먼저 장애물
이 눈에 들어오나 보다. 그렇게 묻고 친 공은 희한하게 모래
웅덩이 방향으로 날아가 정확하게 빠진다.

첫번째 공이 모래 웅덩이에 빠지면, 그다음 순번인 골퍼
의 질문은 좀 더 디테일하다.

"저기 벙커 앞까지는 몇 미터야? 벙커 넘기려면 몇 미터 보내야 돼?"

그렇게 친 공은 아주 안전하게 짧게 날아가 다음 샷에 부담을 주는 긴 거리를 남겨놓는다. 장애를 피하기 위해 안전하게 쳤지만 목표지점에 도달하려면 기를 써야 할 것 같다. 앞서 두 명이 우측으로 공을 날린 것을 본 세번째 골퍼는 좌측으로 공을 보낸다. 다행히 왼쪽에는 아무런 장애물이 없다. 다만 잔디를 잘 깎아 손질한 곳이 아닌 러프지역이라 공 찾기가 어렵다.

이 모든 것을 다 본 마지막 네번째 골퍼는 처음 안내받은 페어웨이 가운데로 아무 망설임도 없이 시원하게 공을 날린다. 공은 하얀 포물선을 그리며 초록 잔디에 떨어진다. 목표지점을 표시해놓은 깃발 근처에 정확하게 떨어진 공은 멀리 200미터 뒤에서도 아주 잘 보인다. 초록 카펫을 연상시키는 잔디에 앉은 하얀 공을 바라보며 다른 세 명의 골퍼가 한마디씩 한다.

"이렇게 넓은 페어웨이를 두고 왜 하필 그쪽으로 쳤을까?"

"나는 분명히 가운데로 쳤는데 왜 오른쪽으로 날아갔지?"

"나는 니들이 그쪽으로 쳐서 일부러 왼쪽으로 쳤더니 풀 속으로 들어가 버렸네."

골프장 이곳저곳에 모래 웅덩이를 만들고 인공 연못을 조성해놓은 것은 장애물을 극복하라는 이유다. 그렇지 않다면 많은 비용을 들여가며 애써 연못을 파고 웅덩이를 만들어 모래를 채워 넣는 작업을 애초에 하지도 않았다.

장애물을 극복하기 위한 시도와 여러 차례의 실패를 겪으면서 골퍼들의 실력은 향상된다. 장애를 극복하기 위한 전략을 세우고, 전략에 따른 무기를 선택해야 한다. 신중하게 선택한 무기로 공을 쳐서 장애물을 넘겼을 때의 기쁨은 본인만 느낄 수 있는 짜릿함이다. 그 짜릿함을 갖고 목표지점인 홀에 이르렀을 때의 희열은 이루 말할 수 없다.

같은 운동을 하면서도 목표지점만 보는 골퍼가 있고, 주변의 장애물에 더 많은 신경을 쓰는 골퍼가 있다. 어떤 골퍼가 공을 페어웨이에 똑바로 안착시키는지는 그들의 질문이 답을 알려준다.

출발점에 서면 먼저 목표를 보는 사람이 있고, 장애를 먼저 보는 사람이 있다. 내가 가고자 하는 곳이 어딘지 분명하다면 주변의 장애들은 아무런 영향력을 발휘하지 못한다. 왜냐하면 목표에 도달하려는 완벽한 계획을 세웠거나, 자신감이 충만하거나, 장애를 극복할 수 있는 대책을 가지고 있을 테니까.

인생도 이와 다르지 않다. 처음부터 목표를 보고 가는 사람은 가고자 하는 방향을 벗어나지 않는다. 그러나 목표보다 먼저 장애를 보는 사람은 장애를 두려워하며 시작하기도 전에 스스로 포기한다. 다행히 포기까지는 안 하더라도 방향을 잃는 경우가 종종 있다. 어떤 일이든 장애 없이 앞으로 곧게 뻗은 고속도로만 달릴 수는 없다. 그렇다고 예상되는 장애 때문에 망설이거나, 시도조차 하지 않고 아예 포기한다면 항상 제자리에 멈춰 있어야 한다.

편 가르는 사람

골프는 인생의 반사경, 티샷에서 퍼팅까지의 과정이 바로 인생 항로다. 동작 하나하나가 바로 그 인간됨을 적나라하게 드러낸다.
–윌리엄 셰익스피어(William Shakespeare)

지구가 둥글듯 인생 또한 둥글다. 칼로 잘라놓은 네모반듯한 두부 모양이 아니라 생김 자체를 짐작할 수 없는 것이 인생이다. 살다보면 두 번 다시 보고 싶지 않은 사람과 손을 잡아야 할 경우도 있고 도움을 청해야 할 때도 있다. 차라리 내가 도움을 주거나, 손을 잡아주어야 할 상황이라면 얼마나 좋을까마는 세상이 어디 그렇게 내 마음대로만 굴러갈까.

"오늘 스크래치?"

공과 티를 캐디백에서 꺼내며 목청을 높이는 고객. 목소리가 큰 걸로 보아 연습을 많이 했나보다. 곁에서 장갑을 끼며 다른 동반자가 한마디 거든다.

"스크래치는 무슨, 라스 해."

운동과 게임을 동시에 즐길 수 있는 것은 골프가 가진 또하나의 매력이라면 매력이다. 골퍼 네 명이 게임을 하면서 각자 경쟁하는 방식을 즐기기도 하지만, 두 명씩 한 편이 되어 홀마다 승부를 내기도 한다.

1등과 3등이 한 편, 2등과 4등이 한 편으로 짝을 이뤄 하는 게임 방식을 '라스베가스'라고 하는데, 줄여서 '라스'라고도 한다. 첫 홀은 공을 치는 순서를 정하는 젓가락처럼 생긴 순번기로 1, 2, 3, 4등을 정하고 출발한다. 첫 홀부터 각자 자신의 편을 응원하느라 정신없다. 상대편이 공을 칠 때는 말로 하는 방해도 은근슬쩍 심하다. 게임이 한참 고조에 이르면 자신의 공에 집중하기보다 상대편 공에 더 신경 쓰는 골퍼가 생긴다.

"야, 이 사람아. 거기서 그냥 쳐야지, 공을 가지고 나오면 어떡해? 그거 벌점 먹어야 하는 거 아냐?"

고목 아래 있는 공을 페어웨이로 옮겨놓고 치려는 동반자를 질책한다.

"무슨 소리야? 아까도 빼놓고 쳤는데."

"그거야 아까는 우리가 같은 편이었고, 지금은 아니잖아!"

이쯤 되면 서로 껄껄 웃고 넘어가는 경우도 있고, 목에 핏대를 세우며 들고 있는 클럽을 검처럼 휘두르는 돌발 상황을 연출하기도 한다. 내기 돈의 액수에 따라 유쾌하게 웃어넘길 수도 있고, 숨 막힐 만큼 험악한 분위기를 만들 수도 있지만, 한 가지 변함없는 게 있다. 바로 자신과 한 편인 동반자에게는 관대하다는 점이다.

잎이 무성한 큰 나무 아래로 공을 보낸 동반자가 자신과 한 편일 때는, 여차하면 클럽으로 나무를 쳐서 다칠 수도 있으니 위험하다며 옆으로 옮겨놓고 치라고 한다. 그러다가 같은 동반자가 나와 같은 편이 아닌 홀에서는 절대로 공을 건드리면 안 된다며 프로 선수용 규칙을 들먹인다. 같은 사람이라도 내 편이냐 네 편이냐에 따라 관대하거나 엄격하다. 그러나 18홀 라운드 하는 동안 끝까지 내 편이거나 끝까지 내 편이 아닌 경우는 한 번도 없다.

필드에서 골퍼들과 동반하며 우리 인생도 이와 별반 다르지 않다는 것을 배운다. 가끔 꼴 보기 싫은 사람은 영원히 안 보고 살았으면 좋을 것 같지만, 꼭 그렇지도 않다는 것을 골퍼들의 편 가르기 게임을 보며 깨닫는다.

'어제의 적이 오늘은 동지'가 될 때도 있고, '적과의 동침'도 서슴지 않아야 할 때가 있다. 지금은 잠시 의견이 대립하는 상황이어도 언젠가는 그와 의기투합해서 대단한 성과를 올릴 수도 있다.

예의가 습관인 사람

골프에 어느 정도의 기품이 없으면 게임이 되지 않는다.

- 윌리 파크(Willie Park)

흔히 골프를 '귀족스포츠'라고 한다. 골프클럽, 복장, 골프장 입장료 같은 비용이 많이 들어간다는 점에서 '귀족스포츠'라고 한다면 할 말이 없다. 그러나 생각을 조금 달리한 '귀족스포츠'를 말하고 싶다. 골프는 경기규칙보다 에티켓을 우선한다. 귀족들이 발달시킨 운동이고 보니 어렸을 적부터 몸에 익힌 예절교육 덕분에 게임을 하면서도 품위 있는 태도로 상대를 배려하는 반듯함을 유지할 수 있었던 것이 그대로 전해진 까닭이다.

귀족들의 예의범절을 몸에 익힐 수 있다는 관점으로 해석하자면 골프를 '귀족운동'이라 해도 좋다. '상대에겐 너그럽고 나에겐 엄격하게'라는 골프의 운동정신과 에티켓이 그 예다. 에티켓을 지키지 않았다 하여 벌점을 주거나 불이익을 주지는 않는다. 대신 함께 운동할 동반자의 수가 점차 줄어든다. 즉 에티켓을 지키지 않아 동반자에게 피해를 주면 예의 없는 사람으로 낙인찍혀 함께 운동하기 싫은 동반자 반열에 오른다. 어디든 상위 1퍼센트에 속하면 영광이라 하겠지만, 이 무리의 상위 1퍼센트는 고립을 의미한다.

"고객님, 나오실 때 발자국 정리해주세요."

벙커 정리 기구를 한쪽으로 갖다놓고 돌아서는 뒤로 들리는 소리.

"벙커 정리를 나보고 하라고? 가뜩이나 벙커마다 들어가서 승질나 죽겠는데."

"미스 리가 우리 편인 거 모르냐? 그것두 구찌다!"

동반자들이 벙커 안에서 고함을 지르는 골퍼에게 낄낄거리며 말한다.

'자기가 만든 발자국은 자신이 정리하는 게 에티켓인 거 모르세요?' 나는 더 크게 고함지르고 싶지만 참는 자에게 복이 있다 했으니 참아야지.

"제가 조금 바빠서요, 부탁드립니다."

나오지 않는 억지웃음으로 골퍼의 고함을 덮는다.

아닌 게 아니라 그 골퍼는 홀마다 모래 점검하듯 그냥 지나치지 않고 벙커 안에 자신의 발자국을 여기저기 도장 찍듯 선명하게 남기며 왔다. 처음 몇 번은 모래 위에 난 발자국을 정리해줬는데 하다 보니 나도 시간이 부족했다. 자신의 발자국 정도는 직접 정리해야 한다는 것을 알려주고 싶었다. 아마도 그 골퍼는 처음 배울 때 공치는 것만 배웠지 골프규칙이나 에티켓은 배우지 않은 것 같았다.

"아~ 어떤 자식이 이렇게 큰 발자국을 그냥 두고 갔어? 하필 발자국에 공이 들어갔네!"

'거 보시라니까요. 내가 발자국 정리 안 하면 다른 사람이 피해 본다니까요.' 고소한 마음에 속으로 혼잣말을 해본다.

투덜거리며 벙커에서 나온 골퍼는 클럽으로 신발을 툭툭 쳐서 신발에 끼인 모래를 털어낸다.

"벙커에서 나올 때 자신이 만든 발자국은 자신이 정리한다."

"뭐?"

"연습스윙할 때는 잔디를 손상시키지 않는다."

나는 마치 약 올리듯 골퍼가 습관적으로 하는 행동을 하나하나 읊는다.

"아~ 진짜 내가 지금 그런 말이 귀에 들어와?"

에티켓만 잘 지켜도 스코어 한 타는 줄일 수 있다.

"미스 리, 나 지금 정말로 농담할 기분 아니다."

"매너 좋은 골퍼가 캐디들 사이에 베스트골퍼인 거 모르세요? 캐디를 내 편으로 만들면 한 타만 줄겠어요? 어프로치 뭐 드릴까요?"

"다른 거 다 필요 없고 시원한 맥주 하나!"

잔소리하는 내게 졌다는 표시로 골퍼는 농담을 하며 웃는다.

'세살 버릇 여든까지 간다.'는 속담처럼 처음 들인 습관은 무섭다. 운동도 마찬가지다. 기본기를 잘 익혀 좋은 점수를 내는 것도 중요하지만 함께 동반한 이들을 배려할 줄 하는 마음가짐이 애초에 없다면 어떡하든 이기고 봐야 한다는 생각에 비열하고 치사한 방법이 난무할 것이다.

자신만 편하게 운동하면 그만이라는 생각으로 다른 이들을 배려하지 않는 게 습관이 되면 운동을 할 때만 그런 것이 아니라 실생활에서도 그런 행동이 부지불식간에 나타난다.

예의를 지키지 않는다 하여 법에 저촉되거나 격리수용 당하지는 않는다. 그러나 다른 이들이 거리를 두게 되므로 자연스럽게 격리당하는 꼴이다.

반전 있는 사람

타이거 우즈가 나보다 골프를 잘하는 이유는 나보다 연습을 더 많이 하기 때문이다.

-최경주

인상이 험상궂어서 그냥 '조폭 똘마니쯤 되나보다'라고 짐작 가는 팀을 맡고 보니 신경 쓰이는 게 한두 가지가 아니다. 특히 네 명 중 리더인 듯한 골퍼는 흔하지 않은 빨간색 바지를 입고, 챙 있는 운동모자 대신 헌팅캡을 썼다. 속으로 '뭐야? 이 아저씨는 복장을 보니 예사롭지 않은데…….' 하는 생각이 든다.

골퍼들의 옷차림을 보면 성격이 드러나는 경우가 많다. 경험에 의하면 튀는 색상이나 보기 드문 디자인의 운동복을 입은 골퍼들은 대부분 성격이 무난하지 않다. 캐디를 오래 하면 본의 아니게 반 관상쟁이가 된다. 한 팀에 네 명씩, 한 달, 두 달, 일 년이면 얼마나 많은 사람을 만나는지 짐작할 수 있을 것이다.

인상이 비슷하면, 하는 행동이나 말투도 비슷한 경우가 있다. 그 비슷함을 바탕으로 골퍼들을 대하는데, 거의 짐작대로인 경우가 많다.

지레짐작으로 깐깐한 고객일 경우 '절대 함부로 웃지 마라. 조언은 그가 물어올 때만 해라. 기본에 충실해라.'라는 나만의 규칙을 벗어나지 않는 범위 내에서 골퍼들을 경계한다. 한 홀, 한 홀 살얼음판을 걷는 심정으로 다닌다. 그러자니 온몸의 근육마저 졸아드는 기분이다.

그런데 이 사람들, 이상하게도 험상궂은 인상과는 달리 말도 별로 없고 까다롭지도 않으며 분위기 또한 부드럽다. '내가 너무 과민 반응을 했나? 생각보다 괜찮은 팀인데?' 하는 마음이 들 정도로 조용하게 게임을 풀어가고 있다.

괜찮다는 건 내기를 하면서도 앞 팀 잘 따라가고, 뒤 팀 기다리게 하지 않아서 진행 걱정 덜어준다는 소리다. 그렇지만 방심하면 다치는 수가 있으니 계속 긴장을 한다.

전반이 거의 끝나갈 즈음 그린에서 퍼팅하려고 어드레스 들어갔던 빨간 바지가 갑자기 자세를 풀고 홀을 향해 성큼성큼 걸어간다. 퍼터를 치켜드는 게 무언가를 찍어내릴 태세다.

자세히 보니 송충이가 그린 위를 기어가고 있다. 지금 저 치켜 올린 퍼터로 송충이를 내리찍으려고 한다. '그럼 그렇지, 이제 슬슬 본색을 드러내는구나! 근데 송충이를 죽이면 내가 치워야 하잖아?' 이런 생각이 들자 나도 모르게 그의 행동을 제지한다.

"잠깐만요, 3초면 돼요"

3초면 송충이가 충분히 기어갈 것이란 생각으로 빨간 바지의 팔을 잡는다.

격하게 반응한 나도 그렇지만, 뭔가 비장하게 칼을 휘두르려던 빨간 바지도 머쓱한 표정이다.

'아고, 내가 지금 무슨 짓을 한 거야? 이제까지 잘 왔는데 괜한 짓을 했나?'

잠깐 동안 내 행동을 반성하고 있는데, 굵직한 중저음의 목소리가 들린다.

"임마, 지금 저 녀석이 내 퍼팅라인을 다 밟고 있잖아. 저 녀석 발이 얼마나 많은 줄 알아?"

'아니, 지금까지 라운드하면서 빨간 바지가 한마디도 안 했을 리는 없는데, 왜 저 목소리를 처음 듣는 것 같지? 목소리가 저렇게 좋았어?'

신경질 섞인 고함이 터져 나올 것이란 짐작으로 한껏 긴장하고 있던 나는, 빨간 바지의 위트 있는 한마디가 너무 마음에 들어 그를 다시 쳐다본다.

그러고 보니 위로 살짝 찢어지듯 올라간 실눈도 개성 있어 보이고, 남들은 잘 안 입는 빨간 바지도 그의 탁월한 안목이란 생각이 든다.

사람들은 보이는 대로 상대를 판단하고 평가한다. '생긴 대로 논다.'는 말처럼 대부분의 사람들은 겉모습과 전혀 무관하게 행동하는 경우가 극히 드물다. 마음 씀씀이나 표정, 말씨, 태도로 나타나기 때문에 오랜 시간을 지켜보지 않아도 알 수 있는 사람이 있다. 그러나 겉만 보고 그 사람의 진짜 모습을 다 안다고 할 수도 없는 노릇이다.

가끔은 전혀 예상하지 못한 상대의 행동을 보면서 놀라는 경우가 있다. 겉보기는 신사처럼 보이는 사람이 입만 열면 험한 말을 쏟아낸다. 또는 자신과 상관없는 이들에겐 무례하게 굴기도 한다. 이와는 반대로 처음에는 그저 그런 평범했던 사람이 시간이 흐르면서 빛을 발하기도 하고, 어려운 상황에 처한 사람에게 호의를 베푸는 모습을 보여줄 때도 있다.

저마다 개성이 뚜렷한 시대답게 어떤 모습이 정답이라 할 수는 없겠으나, 이왕이면 좋은 방향의 반전을 보여준다면 어디에서든 매력적인 사람으로 환영받을 것이라 확신한다.

노는 물이 다른 사람

하루 연습하지 않으면 그것을 나 스스로 안다. 이틀을 하지 않으면 갤러리가 안다. 그리고 사흘을 하지 않으면 온 세계가 안다.

-벤 호건(Ben Hogan)

"거참 신기하네!"

아무리 들여다봐도 신기하고 또 신기하다. 지인에게서 구피 여섯 마리를 분양받아 커다란 플라스틱 그릇에 담아 키웠다. 먹이를 꼬박꼬박 챙겨준 보람이 있어서인지 몇 달 지나자 새끼를 낳기 시작하더니 금방 수십 마리로 늘어났다. 작은 그릇에서 여러 마리가 꼬물대니 복잡해 보였다. 그래서 그릇 두 개에 나눠 담았는데, 일주일쯤 지난 후에 들여다보고 신기한 현상을 발견했다.

흰색 그릇에 담긴 구피는 옅은 갈색을 띠고 있는 반면, 검은색 그릇에 담긴 구피는 검은 빛을 띠고 있는 게 아닌가. 환경에 적응해서 그릇과 유사한 색으로 변한 것인가 짐작했다. 이렇게 작은 물고기조차 자신이 몸담고 있는 환경의 영향을 몽땅 받는다는 사실이 놀랍다.

옛말에 '근주자적 근묵자흑(近朱者赤 近墨者黑)'이라더니 딱 들어맞는 말이다. 손가락 한 마디밖에 안 하는 물고기도 주위 영향을 받아 희거나 검게 변한다면, 그보다 몸집이 더 큰 사람은 어떤 색, 어떤 모습으로 나타날까.

사계절 다양한 꽃들이 피고 지는 골프장엔 각양각색의 골퍼들이 사시사철 여러 모습을 보이며 운동을 한다. 기본적으로 네 명이 한 팀으로 운동을 하지만, 간혹 세 명, 두 명이 한 팀을 이룰 때도 있다.

골퍼들은 철마다 옷을 갈아입듯 동반자도 매번 다르다. 또 동반자에 따라 스코어가 달라지기도 하고, 골퍼의 행동이 변하기도 한다. 그런 골퍼들과 라운드하다보면 종종 '유유상종'이나 '끼리끼리'라는 말이 떠오를 때가 있다.

함께 라운드하는 동반자들이 점잖으면 본인도 점잖게 행동한다. 운동 중에도 동반자를 배려하는 여유 있는 모습을 보이며 화기애애한 분위기로 18홀을 마친다. 그러나 같은 골퍼라도 동반자가 비속어를 남발하거나 내기골프에서 야박하게 굴면 본인도 덩달아 그와 같은 모습을 보일 때가 많다. 어느 때는 '저 사람이 지난 번 그분이 맞나?' 하는 의구심이 들 때도 있다.

골퍼들을 보면서 내가 속한 '물'은 어떤지 생각해 본다.

"야, 어디 물 좋은 데 없냐?"

잠깐 즐기기 위한 클럽이나 주점도 물을 가려서 간다. 놀 때도 물을 가려서 노는 마당에 평생을 사는 데 가장 중요한 '나'를 아무 물에서나 놀게 하는 것은 큰일 날 일이다.

이제부터라도 물을 가려 노는 건 어떨까. 그렇다고 나에게 이익인지 손해인지 계산하고 사람들을 만나라는 건 아니다.

만나면 늘 부정적인 말이나 남의 험담으로 시간을 보내는 사람과는 만남의 횟수를 줄이는 게 좋다. 그런 사람들과 만나면 듣지 않으려 해도 듣게 되고, 끼어들지 않으려 해도 끼어서 한두 마디 거들어야 한다.

남의 뒷담화를 즐기는 사람 대신 잘 웃는 사람, 긍정적인 사람, 늘 가슴속에 꿈을 안고 사는 사람을 자주 만나자. 상대의 웃는 모습을 보면 나도 기분이 좋다. 긍정적인 사람은 주변 사람들에게 너그럽다. 꿈을 꾸고 꿈을 말하는 사람은 자발적으로 행동하는 적극성을 전염시킨다. 주변에 그런 사람이 없다고? 무슨 소리? 남의 덕 보려 하지 말고 내가 그런 사람이면 더 좋지 않을까.

복근보다 미소가 멋진 사람

골프에서 중요한 것은 승패보다 어떻게 플레이했느냐다.

-존 로(John Law)

구름 한 점 없는 파란 하늘, 양탄자를 깔아놓은 듯 폭신한 잔디, 참으로 아름다운 경치다. 비록 인공으로 만들었다고는 하지만 파란 하늘을 그대로 품은 워터해저드 가장자리에 노랗게 올라온 수선화도 곱다.

"물 앞까지 180미터니까 안전하게 170미터만 보내세요."

"170만 치면 돼?"

안전하게 물에 빠지지 않을 만큼만 공을 보내라는 나의 주문에 잔뜩 얼굴을 찌푸리고 묻는 사모님. 회원들 중에 단연 돋보이는 미모와 나이에 비해 유연한 몸놀림, 무엇보다 늘씬

한 몸매로 유명한 사모님과 동반 라운드를 하는 날은 각별히 조심해야 한다. 사모님 이외의 다른 동반자에게 더 많은 칭찬을 해도 안 되고, 사모님이 공을 치기 전까지 곁에서 지켜보고 있어야 한다. 그렇다고 계속 이것저것 질문을 하는 것은 아니다. 워낙 작은 소리로 말씀을 하시는 바람에 질문을 잘못 듣거나, 클럽을 조금이라도 늦게 교체해 드리거나 하면 영락없이 짜증을 들어야 한다. 우리 사이에서 통하는 사모님의 별명은 '얼음공주'다.

"그럼 뭘 쳐?"

높은(?) 분 사모님이라 그런지 말이 항상 짧다. 좋게 표현해서 '간단 명료'라고 할 수 있지만, 듣는 입장에서는 다음 말을 이어가기 어려울 만큼 냉기가 돈다.

"아유~ 사모님은 거리 나셔서 드라이버 잡으면 위험하죠."

동반자 중의 한 사모님이 슬쩍 자존심을 세워준다. 말을 마친 사모님의 표정이 밝지 않은 걸 보면 아마 사회적 지위에 밀려서 맘에 없는 말이 나온 것 같다. 곁에 있던 다른 두 명의 사모님도 번갈아 접대의 말을 한다.

"맞아요. 지난번보다 거리가 훨씬 느신 것 같아요. 언제 그렇게 연습을 하셨어요?"

"사모님은 원래 기본실력도 있고, 체격조건이 또 얼마나 좋아! 아유, 난 사모님과 운동할 때마다 부러워요.”

대부분의 사람들은 이렇게 속이 훤히 들여다보이는 포장된 말이라도 한 번 정도는 대꾸를 해주거나 웃어주는 게 예의라고 생각하기 마련이다. 그러나 '얼음공주'란 별명이 그냥붙은 게 아니듯 얼굴 표정 한 번 바꾸지 않고 도도하게 앞만보는 사모님.

아무리 힘껏 쳐도 공을 물에 빠뜨릴 것 같지는 않지만 같이 거들어야 할 것 같다.

"앞바람 불어서 드라이버 살짝 치셔도 괜찮겠는데요."

"드라이버!"

짧게 한마디 하는 인형 같은 얼굴의 사모님.

사모님이 연습스윙을 한다. 역시 우월한 몸매의 소유자답게 스윙 폼이 좋다. 곁에서 지켜보는 나도, 동반자들도 사모님의 스윙을 넋 놓고 바라본다. 그도 그럴 것이 피니쉬 자세에서 살짝 드러난 복근을 보았기 때문이다. 40대 후반, 50대초반 여성의 친근한 뱃살이 아니라, TV에서만 보았던 여자연예인들의 11자 탄탄한 복근이 햇빛을 받아 더 매끈하게 빛난다.

'얼음공주' 사모님은 그 자리에 있는 모든 사람들의 부러움과 감탄의 시선을 받으며 연거푸 몇 번 더 연습스윙을 하더니 "깡" 소리가 나게 클럽을 힘껏 휘두른다. 공은 생각보다 그리 멀리 날아가지 못하고 떨어진다. 공이 페어웨이 가운데 떨어진 것을 확인한 사모님은 무표정이 되어 무대에서 내려온다. 공은 멀리 보내지 못했지만, 여전히 동반자들이 사모님을 바라보는 눈빛엔 부러움이 철철 넘친다.

"굿 샷입니다!"

사모님의 클럽을 받으며 살짝 웃어주었지만 역시 사모님은 무표정으로 나를 힐끗 바라볼 뿐이다.

'참 복근이 아깝다.'는 생각이 든다. 자신의 샷을 칭찬하는 동반자들을 향해서 환하게 한 번 웃어준다면 멋진 복근을 보였을 때보다 더 우아하고 아름다울 텐데 안타까운 마음이다. 저토록 멋진 복근을 만들려면 얼마나 많은 날들을 고생했을까. 또 얼마나 힘들게 운동을 했을까.

다이어트와 운동에 도전해봤다면 잘 알겠지만, 흔히 말하는 '초콜릿 복근', '연예인 복근'은 그렇게 쉽게 만들어지지 않는다. 그야말로 피나는 노력과 굳은 의지가 아니면 어느 순간 포기하고 만다. 그런 힘든 과정을 거치며 만든 복근을 옷 속에 꽁꽁 숨기고 다녀야 하니 아쉽다.

아무리 힘들게 얻은 복근이어도 배를 허옇게 드러내고 거리를 활보할 수는 없다. 땀 뻘뻘 흘리며 이를 악물고 운동하는 시간을 조금 할애하여 미소 짓는 연습을 한다면, '얼음공주' 대신 '미소천사'로 주위 사람들의 인기를 독차지하고도 남을 텐데. 그 쉬운 방법을 외면하고 어려운 길을 간다.

얼음공주와 함께하는 날은 다른 날보다 거울 보는 횟수가 더 늘어난다. 나의 표정을 살피기 위해서다. 남들이 부러워하는 복근이 좀 없으면 어떤가. 이렇게 환하게 웃고 있는데.

운동으로 다져진 울퉁불퉁한 근육질 팔뚝이나 다이어트로 미끈한 다리는 멋지고 예쁘다. 그렇지만 푸근하게 감싸주는 정겨운 미소보다 사람을 끌어당기는 힘은 약하다.

'너 때문이야!' 탓하는 사람

화가 나서 클럽을 내던질 때는 전방으로 던져라. 그래야 주우러
갈 필요가 없으니까.

－토미 볼트(Tommy Bolt)

"어 그래, 알았어. 알았다니까. 나 지금 버디 찬스라구, 이
따가 다시 전화할게."

급하게 통화를 마친 골퍼는 바지 뒷주머니에 아무렇게나
휴대폰을 찔러넣는다. 성큼성큼 걸어가 공 앞에 서는 골퍼.
거리도 대강 눈대중으로 보는 것 같다. 오르막인지 내리막인
지 전혀 개의치 않는 듯 연습 스트로크만 몇 번 하곤 바로 어
드레스 자세를 취한다. 아무래도 안 되겠다 싶어 한마디 한다.

"홀 뒤에서도 한 번 보시죠. 아직 시간 많은데……."

"까짓거 뭐. 아까 봤잖아. 오르막이라며? 오르막은 그냥

쳐도 괜찮지 않아?"

"그렇긴 하지만……."

"미스 리가 어련히 알아서 잘 놔줬겠지."

캐디가 아무리 퍼팅라인을 잘 읽어준다 한들, 브레이크 지점을 정확하게 짚어준다 한들, 공을 너무 세게 치거나 조금이라도 약하게 치면 공은 홀을 지나가거나, 아예 홀 근처에 미치지도 못한다. 해서 '세게 치세요.' 또는 '약하게 치세요.' 라고 주문은 하지만 세게, 약하게 역시 골퍼의 몫이다.

우려했던 대로 골퍼의 공은 홀을 지나치고 처음 공이 놓여 있던 거리만큼을 또 남기고 멈춘다.

오르막이라고 맘 놓고 치더니, 아까 전화 통화할 때보다 말이 더 많다.

"미스 리, 이거 라이 잘못 본 거 아니야? 오르막 맞아? 살짝 쳤는데, 저렇게 멀리 가는 거 보면 내리막 아니야? 이자가 더 붙었잖아?"

질문인 듯 원망인 듯 마구 버무려서 우수수 쏟아낸다.

"그러게, 아까 제가 다시 한 번 더 보시라고 말씀드렸잖아요."

"에이~ 미스 리만 믿었는데, 내가 볼 걸 그랬네. 다른 사람들 건 다 잘 봐주면서……."

뒷말은 어린아이 옹알이하듯 옹알거리고 만다.

"아직도 그 버릇은 여전하네!"

"뭐? 무슨 버릇?"

버디 잡을 기회를 놓친 골퍼는 약이 바짝 올라 동반한 친구를 향해 언성을 높인다.

"퍼팅 실수하면 남 탓하는 거. 이젠 니 퍼팅라인은 니가 볼 줄 알아야지. 공은 니가 쳐 놓구 엄한 미스 리한테 그래?"

"야~ 너 지금 구찌 놓는 거지? 나 이거 파 퍼팅이야. 조용히 좀 해봐."

그린 위의 모든 사람들이 일제히 얼음하고 멈춘다. 나도 이번에는 아무 말 않기로 한다. 또 탓하는 소리 듣지 않으려면 그 방법밖에 없다. 아예 공을 안 보고 다른 곳을 본다. 어떻게든 퍼팅을 성공시키면 공이 홀에 떨어지는 소리가 들리겠지 하는 마음으로.

분명 '톡' 하고 공을 때리는 소리는 났는데, '땡그랑' 소리는 안 들린다.

"내 그럴 줄 알았다. 원래 버디가 보기 된다고 하잖냐. 오케이 못 줘 한 번 더 쳐!"

"내 탓이요, 내 탓이요."

가톨릭교회의 기도문 중에 나오는 말이다. 꼭 기도할 때만이 아니라도 웬만큼 인격을 갖춘 사람들은 '남 탓'보다 '내 탓'을 한다. 반면 모든 일을 다른 이에게 맡기고 가장 마지막에 어슬렁거리며 나타나서 이러쿵저러쿵 말만 하는 사람이 있다. 혹시 자신의 인생도 남에게 맡기고 싶은 건 아닌지, 그런 후에 '너 때문이야.'라고 노래하는 것은 아닌지.

잘되면 내가 잘해서이고, 안 되면 남이 잘못했기 때문이라며 실수를 모두 상대에게 전가시키는 사람이 있다. 설령 상대의 잘못된 판단으로 일을 그르쳤다 하더라도 확실하게 점검하지 못한 자신의 경솔함을 반성해야 한다.

민들레를 닮은 사람

골프에서 50퍼센트는 심상, 40퍼센트는 셋업, 나머지 10퍼센트
가 스윙이다.

-잭 니클라우스(Jack Nicklaus)

비 오듯 땀이 흐른다고 하더니 갈아입은 지 10분도 안 됐
는데 흰색 폴라 티셔츠가 이미 땀으로 축축하다. 이렇게 더운
날, 도대체 그 비싼 그린피를 지불하면서 공을 치려는 이들은
어떤 사람들일까? 골퍼들이 입장하지 않으면 일을 못하는데
도 이렇게 더운 한여름에는 골퍼들이 원망스럽다. 차라리 비
라도 확 내렸으면 싶다.

7월 중순, 그것도 해가 막 달궈지는 11시에 출발지점에 도
착하니 벌써 숨이 턱턱 막힌다. 한여름 한창 뜨거운 시간대를
골라 운동하는 걸 보면 혹서기 할인혜택을 받아 입장료를 아

끼려는 골퍼들이 분명하다.

남녀가 두 명씩인 걸 보니 아마 부부 팀인 듯하다. 아무리 기능성 골프웨어를 입었다고 해도 뜨거운 태양을 완전히 차단할 수는 없다. 골퍼들 얼굴에도 송골송골 땀방울이 작은 구슬처럼 달려 있다. 얼음물부터 찾는 남성 골퍼의 두툼한 손에 들린 종이컵이 무색하게 작아 보인다. 물을 다 마신 골퍼는 소지품 가방을 뒤적이더니 반쯤 녹은 비닐팩 한 귀퉁이를 찢어서 내게 내민다. 포도즙이다.

"다 녹기 전에 시원하게 마셔요."

투박하지만 부드러운 말씨로 조금 쑥스러워하는 모습이 순박한 농부 같다. 마음은 한없이 따뜻하면서도 표현을 잘 못해 퉁명스럽게 말하는 아버지 같기도 하다.

"고맙습니다."

사양도 않고 덥석 받아 단숨에 마신다. 시원한 액체가 찌르르 식도를 타고 내려가는 느낌이 아주 좋다.

"이렇게 더운데 일하려니 힘들지?"

다음 홀로 이동하는 중에 조수석에 앉은 골퍼가 진짜 아버지처럼 묻는다.

"괜찮아요. 매일 하는 일인데요. 그리고 이렇게 카트 타고 쌩 달리면 시원해요."

"그래, 그런 정신으로 일하면 힘들지 않지."

골프장에서 많은 사람들을 만났지만 덥다고 걱정해주는 골퍼는 또 처음이다.

"아이구 이 양반 또 시작이네……. 언니야, 괜히 오해마라. 우리집 양반이 괜히 참견을 잘해."

"저는 좋은데요. 꼭 아버지 같으세요."

"아, 이 사람아! 좋은 생각하면서 일하라는 게 왜 참견인가? 우리는 비싼 돈 내고 와서 땀 뻘뻘 흘리면서 공치는데, 미스 리는 돈 벌잖아. 이왕이면 기분 좋게 일하면서 돈도 벌면 더 좋은 거지, 안 그러냐?"

"네, 맞습니다, 맞고요. 티샷 준비하셔야겠어요."

60중반쯤으로 보이는 부부 골퍼들이 이동 중에 하는 이야기를 들으니 젊었을 적에 함께 고생을 많이 했나보다. 그래서인지 말이 오고가지 않아도 알아서 척척 서로 챙기는 모습이 참 보기 좋다. 그런 모습을 보면서 일을 하니 더운 것도 모르겠다.

"우리가 예전에는 무척 고생을 했어요. 하루 한 끼도 못 먹고 일한 적도 많았지. 그때는 정말 왜 사나 싶고, 사는 게 지옥 같았어."

"진짜 그때 어떻게 견뎠나 몰라."

"이 양반들은 만나기만 하면 그게 무슨 자랑이라고 옛날 얘기를 그렇게 해요. 젊은 사람들은 그런 얘기 싫어하는 거 몰라요?"

마나님께 핀잔을 듣고도 아버지 같은 골퍼는 계속 말을 이어간다.

"우리가 그 시절을 견뎠으니 이런 날도 오는 거 아닌가? 대견해서 하는 말이야. 나는 가끔 자다가도 그때 생각을 하면 진땀이 버적버적 나. 내가 말이야, 한 번은 죽으려고 모질게 마음먹고 산으로 터벅터벅 가는데, 민들레가 아스팔트 금 사이로 빼꼼하게 나와 있더라구. 참, 저 여린 풀대를 가지고 이렇게 단단한 아스팔트를 어찌 뚫었을까 생각을 하다가 내가 민들레보다 약해서야 쓰겠나 하는 마음이 드는 거야. 날이 어두워질 때까지 민들레만 바라보다 다시 집으로 왔지."

"민들레가 나 과부되는 거 막아줬네, 그럼!"

마나님이 '그래요 당신 정말 잘 살았어요.' 하는 눈빛으로 농담을 하자, 모두 유쾌하게 웃는다. 나도 맘껏 웃는다.

봄이면 지천으로 피는 민들레. 그런 민들레를 보고 다시 살아보겠다는 희망을 품고 살아온 사람이 내 옆에 앉아 있구나! 하는 마음이 들어 웃다가 갑자기 울컥한다. 들키지 않게 눈가의 눈물을 땀인 양 닦는다.

"미스 리, 지금은 힘들어도 나중에 다 일한 만큼 잘 살 수 있어. 나는 길 가다가도 젊은 사람들이 힘든 일 하는 거 보면 내 얘기를 해주고 싶더라고. 혹시 사는 게 힘들다고 나처럼 나쁜 마음먹을까 봐. 이 일도 힘든 일이잖니, 그렇지? 비가 오나 눈이 오나 밖에서 일해야 하니까. 그래도 견디고 살아보면 분명히 좋은 날이 오더라."

화려한 말솜씨가 있는 것도 아니고, 명언이나 금언을 섞어 이야기하는 것도 아닌데 왜 이렇게 가슴에 쏙쏙 들어오는지, 투박한 손이 어렵고 험하게 살았던 시절을 말해주는 골퍼의 진심에서 우러나온 꾸밈없는 말이 마음을 울린다.

태양은 금방이라도 살갗을 태울 것처럼 이글거리지만 전혀 뜨거운 줄 모르겠다. 아마도 민들레를 닮은 이 사람들과 함께 있으니 봄볕으로 느껴진 듯하다.

온실 속 장미는 화려하지만 희망을 주진 않는다. 척박한 환경에서 고난과 고통을 뚫고 핀 민들레는 삶에 지친 이들에게 위안과 웃음과 '그래 한 번 더 해보자.'는 희망을 보여준다.
사람도 이와 같이 겉모습은 그저 그런 듯해도 다른 이들에게 격려와 용기를 주고 희망을 선물하는 민들레 같은 사람이 있다.

'이건 비밀이야!' 목소리를 낮추는 사람

> 퍼트의 미스는 판단 착오에서가 아니라 타법의 잘못으로 생기
> 는 경우가 대부분이다.
>
> -잭 버크 주니어(Jack Burke Jr.)

언덕으로 나는 올라가고, 골퍼들은 드라이버를 들고 반대
편 티잉그라운드로 내려간다. 언덕 위에 올라 가쁜 숨을 고르
며 앞 팀이 이동하기를 기다린다.

이 홀은 왼쪽으로 휘어진 홀인데다 티잉그라운드가 낮은
곳에 있어서 앞 팀이 안 보인다. 그러다보니 앞 팀을 위협하
는 타구사고가 빈번하게 일어난다.

앞 팀과 무전교신도 주고받지만, 눈으로 확인하는 것보다
더 확실한 것은 없다는 생각에 나는 중간 언덕으로 올라가는
것을 좋아한다. 언덕에 올라 앞 팀 상황을 보며 아래쪽에서

기다리는 골퍼들에게 수신호를 보내기 전에 눈에 들어오는 골프장 전경을 둘러보는 것도 기분 좋은 일이다.

오늘 우리 팀 골퍼들은 실력이 출중하고 거리도 꽤 나는 편이라 앞 팀이 거의 그린에 다다를 때쯤 팔을 들어 쳐도 좋다는 신호를 한다.

오너인 김 사장 공은 가운데로 잘 날아가 페어웨이에 안착. 그 뒤로 두 명의 골퍼도 그런대로 무난한 지점으로 공을 보낸다.

문제는 마지막 박 사장인데, 오늘 한 번도 오너를 못하고 모든 홀을 돈으로 도배하고 다닌다. '도대체 지갑에 얼마나 남았을까?' 은근히 걱정이 되던 찰나, 박 사장 공이 내 쪽을 향해 날아오는 게 보인다.

거리가 많이 나면 다행히 지름길로 날아가 어프로치 거리만 남겨둘 수 있는 공략법이지만, 자칫 조금의 오차라도 생긴다면 경계선 밖으로 날아갈 수도 있는 모험을 해야 하는데, 지금 그 모험을 하고 있는 거다.

내 머리 위로 날아간 공은 아슬아슬하게 경계선 밖에 떨어져 조금 구르다 멈춘다. 다른 동반자들이라면 그 정도는 그냥 플레이 하도록 할 수도 있는 애매한 지점이다. 그런데 오늘 김 사장 분위기로 봐서는 아웃이라고 우길 게 분명하다.

나는 천천히 언덕을 내려오는 척하며 아래에서 올라오는 골퍼들이 안 보이는 지점에서 전력질주로 박 사장의 공이 놓인 지점으로 달려가 공을 경계선 안쪽으로 힘껏 발로 차서 밀어넣고 얼른 페어웨이 가운데로 달려가서 다른 공을 확인하는 척한다.

세 명은 천천히 걸어 올라오는데, 김 사장만 죽기 살기로 뛰어오더니 숨을 헐떡이며 공을 가리킨다.

"너 저 공 발로 찼지?"

"아닌데요……."

"내가 올라오면서 보니까 니가 공 날아간 방향으로 뛰어가던데…… 저 공 분명히 밖으로 날아갔다고, 저렇게 안쪽에 떨어질 리가 없어."

"말뚝 맞고 튀었어요."

나는 천연덕스럽게 거짓말을 하면서 김 사장이 들고 있던 클럽을 얼른 낚아채고, 다른 클럽을 손에 쥐어준다.

"100미터 남았는데, 피칭 쓰실 거죠?"

"거짓말하고 자빠졌네, 너 자꾸 그렇게 까불다 언제 한 번 큰일 난다."

올 때마다 자주 매치가 되는 바람에 다른 손님들보다 스스럼없기는 하지만, 이렇게 심하게 애기한 적은 없었는데 단단히 약이 오른 것 같다.

'어휴~ 그만큼 돈 땄으면 욕심 그만 부리고 좀 봐주면 안 되나? 놀부가 따로 없네.'

나는 나대로 못 들은 척 혼잣소리로 종알거리는데, 언덕을 다 올라온 다른 동반자들의 상황판단은 빠르다.

"야~ 박 사장, 미스 리한테 왜 그렇게 예쁘게 보였어?"

"임마, 지갑 다 털리는 게 불쌍해서 그렇지. 예쁠 게 뭐가 있어 공도 못 치는데, 그렇지?"

싱긋이 웃으며 안쪽에 놓인 공을 바라본다.

나는 '맞다'는 의미로 웃으며 박 사장이 들고 있는 클럽을 받는다.

후반코스 들어가기 전에 잠깐 휴식을 취하고 있을 때, 박 사장이 캔 음료를 건네준다.

"어제 다른 골프장에 갔었는데 내가 김 사장 돈을 다 땄거든. 희한하게 잘 맞더라고……."

"아~ 그래서 김 사장님이 그러시는 거예요?"

그렇다면 기를 쓰고 이기려고 하는 게 납득이 간다. 아무리 친한 친구 사이라도 연달아 이틀을 내기에서 진다면 속이 상하겠지. 미리 알았다면 앞의 홀에서와 같은 오지랖은 떨지 않았을 것을. 괜히 김 사장에게 미안한 마음이 든다.

김 사장 마음을 풀어주려고 먼저 말을 걸어 봐도 심드렁하니 퉁명스럽게 대꾸한다. 아무래도 몇 홀은 더 가야 풀릴 것 같은 기세다. 그런데 금방 김 사장이 꼬리 내릴 일이 생겼다.

후반 첫 홀에서 김 사장이 두번째 친 공이 분명히 워터해저드에 빠진 것을 봤다. 그런데 근처 풀 속에서 공을 찾았다며 해저드 가장자리에서 힘껏 볼을 쳐서 그린에 올리는 것이 아닌가?

'이상하다? 아까 물이 튀었는데…… 내가 잘 못 봤나?'

다른 동반자들도 모두 그린 위로 공을 올리고 각자 자신의 공을 보며 이동한다.

그린에 다다르니 김 사장이 먼저 자신의 공을 마크하고 내게 건네준다. 닦아달라는 소리다. 공을 받아 닦으면서 보니, 김 사장이 처음에 친 볼이 아닌 다른 공이다. 고개를 들어 김 사장을 봤다.

'한 번만 봐줘!' 하는 눈빛으로 나를 바라본다. 다른 동반자들은 이 상황을 모르는 눈치다.

전(前) 홀에서의 내 행동과 박 사장에게 들었던 얘기도 있고 해서 닦은 볼을 주머니에 넣고, 들고 있는 클럽을 카트에 갖다두는 척하면서 김 사장이 쓰던 브랜드의 공을 주머니에 넣어 와서 김 사장 공이 놓여 있던 자리에 놓는다.

김 사장은 풀 속에서 찾아낸 헌 볼이 아니라 자신이 사용하는 브랜드의 공을 보기 좋게 홀인시키고 버디를 잡는다.

'비밀을 공유하면 가까워진다.'는 말처럼 사람들은 때때로 서로의 비밀을 주고받으며 가까워진다. 그런데 비밀이란 어쩌면 자신의 약점일 수도 있다. 자신의 약점을 상대에게 보임으로써 호감을 얻을 수 있기 때문에 '이건 비밀인데 당신만 알고 있으라.'는 식으로 자신의 비밀을 스스로 발설하는 경우가 많다. 그러고선 그 비밀이 부풀려져 커다란 풍선이 되어 떠다니면 비밀을 털어놓은 상대를 의심하고 원망하다 급기야는 몹쓸 사람으로 몰아 거리를 둔다. 툭 터놓고 말 할 수 없는 비밀이라면 차라리 말하지 않는 편이 낫다.

"이건 비밀이야."라고 목소리를 낮추는 순간 모든 비밀은 벌써 게시판에 올라간 알림 글이 된다. 때론 사람을 얻기 위한 방법이 사람을 잃는 지름길이 될 수도 있고, 비밀을 공유한 상대를 시험에 들게 하여 대나무 숲으로 몰아갈 수도 있다. 떠다니는 비밀로 해서 상대를 원망하며 시간을 허비하기보다 자신의 경솔함을 먼저 반성해야 한다.

말로 보이는 사람

골프는 동반자한테는 '4타 쳤어.'라고 말하지만 실제로는 6타를 치고, 스코어카드에 적을 때는 5를 적는 게임이다.

−폴 하비(Paul Harvey)

'칭찬은 고래도 춤추게 한다.' 나는 이 말에 120퍼센트 공감한다. 학교에서 받아쓰기 백점 맞고 '참 잘했어요.'라는 고무도장이 찍힌 시험지를 엄마에게 보여주고 우쭐해하는 어린아이들은 물론이거니와, 내일모레 여든을 바라보는 어르신들에게도 칭찬을 하면 공중에 붕 뜬 기분인지 괜스레 헤벌쭉 입을 다물지 못한다. 그리고 보면 크게 애쓰지 않으면서도 사람들을 기분 좋게 해주는 칭찬의 힘은 참 대단하다.

골프는 좋은 점이 많은 운동이다. 특히 남녀노소 한 팀이 되어 즐길 수 있다는 것은 다른 스포츠 종목이 갖지 못한 매력이다. 나이 들어서도 할 수 있는 운동이라는 점도 좋다. 나는 한 가족이 팀을 구성해서 오는 것을 좋아한다. 아버지, 어머니, 아들, 며느리 팀이거나, 장인, 장모, 딸, 사위 팀, 또는 형제자매 팀이나 동서지간으로 구성된 팀들도 재미있다.

지금 운동 중인 60대 초반의 골퍼들은 모두 중학교 동창이라고 한다. 오랜만에 만나 옛날이야기도 하고, 개구쟁이 시절로 돌아가 별명을 부르고 가벼운 농담을 주고받는 모습이 참 보기 좋다. 이렇게 동창들이 모인 친구 팀도 좋다.

물론 연령별로 분위기가 약간 다르기도 하다. '친구로 출발해서 원수로 돌아오는 게 골프'라는 얘기를 간혹 증명하고 돌아가는 팀들도 있으니까.

그런데 연세가 어느 정도 지긋하신 분들은 티격태격은 하지만 원수까지는 안 간다. 그런 분들과 라운드를 하면 좋은 점이 있다. 말씀 중에 사용하는 표현방법도 다양하고 점잖은 단어를 선택하기 때문에 나는 가끔 일하는 중에 들었던 말들을 실생활에 사용하면서 말의 중요성을 깨닫기도 한다. 그중에 참 듣기 좋았던 말은, "그 녀석 참 꾀가 많네."라는 칭찬을 들었을 때다.

흔히 잘했다는 칭찬을 할 때 '잔머리 잘 굴린다.'고도 한다. 분명 무언가를 해서 문제를 해결했을 때 쉽게 하는 소린데, '잔머리'라는 표현은 어딘가 모르게 좀 가볍게 생각하고 얘기하는 것처럼 들리는 게 사실이다.

그런데 그날 '꾀가 많다.'는 소리는 정말 듣기 좋았다. 그분들의 행동 하나하나, 말씀 한마디 한마디가 모두 옛 선비들을 보는 것처럼 황홀했다.

사는 동안 우리는 끊임없이 사람들과 만난다. 이미 알고 있는 사람도 만나고, 새로운 관계를 이어갈 사람을 만나기도 한다. 깊은 산속에 들어가 홀로 살거나 무인도에 표류하지 않는 이상. 사람들과 만나면 가벼운 인사부터 시작해서 긴 이야기로 이어진다. 그 과정에서 상대의 얘기를 듣다 보면 그 사람의 과거를 짐작하게도 되고, 현재 상대방의 상황을 대충 짐작할 수도 있다. 살아온 세월의 흔적이 얼굴에만 나타나는 것은 아니다. 몸에 배인 언어 습관 역시 고스란히 과거와 현재를 보여준다.

예쁘게 치장을 하고 멋진 옷을 입었다고 모두 신사, 숙녀라고 할 수는 없다. 자신의 타고난 성품과 기질은 숨길 수가 없다. 때문에 언제든 불쑥 튀어나와 상대와 자기 자신을 곤란한 상황으로 밀어넣을 수도 있다.

항상 때와 장소에 맞는 바른 말하기 습관을 들인다면, 꼭 칭찬의 말이 아닌 쓴소리를 하더라도 상대는 기꺼이 받아들일 것이다.

강물같이 깊은 사람

골프 경기를 관전만 하면 그건 재미다. 골프를 플레이 하면 그때
는 레크리에이션이다. 그것에 열중할 때 진짜 골프가 된다.

-밥 호프(Bob Hope)

"일부러 그렇게 치셨죠?"

홀 아웃하며 골퍼의 손에 들린 퍼터를 검을 뽑듯 슬쩍 당
겨서 잡으며 묻는다.

"미스 리 예리한데! 모른 척 해."

성큼 카트로 오르며 윙크를 날린다.

"제가요, 몸만 무거운 게 아니라 입도 무거워요."

"박 프로가 실수할 때가 다 있네!"

뒷자리에 앉은 골퍼들이 한마디씩 한다.

"박 프로가 실수하는 바람에 김 사장이 오너야."

"마지막 홀 오너면 그게 잘한 거지. 안 그런가?"

"아무렴, 근데 아무래도 박 프로 일부러 공을 안 넣은 것 같아, 그렇지?"

"아닙니다. 제가 욕심이 과했습니다. 투 퍼터로 파 잡을 생각을 했어야 하는데, 버디하려고 욕심을 부려서 처음에 너무 길게 쳤어요."

골퍼들의 왁자지껄한 웃음소리와 자신의 샷을 평가하고 반성하는 소리를 들으며 마지막 18홀 티로 이동한다. 방금 버디를 잡으려고 욕심을 부렸다는 '박 프로'는 골프 실력이 뛰어나다 해서 동반자들이나 캐디들도 '회원님'이나 '고객님' 대신 '박 프로'라고 부른다.

필드에서 간혹 실력이 출중한 골퍼들을 만날 때가 있다. 그중에는 정말 운동 실력만 좋은 골퍼가 있는 반면, 박 프로처럼 운동실력도 월등하고, 예의 바르고, 겸손한 골퍼도 있다. 물론 박 프로처럼 삼박자를 고루 갖춘 골퍼를 만나기는 여간해서 어렵다.

박 프로와 몇 번 라운드를 하고 느낀 소감은 한마디로 '고수'라는 것이다. 게임을 할 때 보면 어떤 동반자와 운동을 하든 간에 동반자의 수준에 맞춰 게임을 풀어간다. 그것도 동반자들은 눈치채지 못하게 물 흐르듯 자연스럽다. 간혹 어려운 상황에 처한 골퍼들에게는 조언도 아끼지 않는다. 자신을 내세우지 않고 동반자의 자존심을 건드리지 않는 선에서 부드럽게 넘어간다. 칭찬에는 반드시 감사의 인사를 빼먹지 않는 것도 그가 가진 장점이다.

방금 전 홀의 상황은 이렇다. 그때까지 한 번도 오너를 못했노라는 김 사장은 파 찬스였고, 박 프로는 5미터를 남긴 버디 찬스였다. 거리가 비슷했으나 박 프로가 먼저 치겠다고 해서 친 공이 홀을 건너뛰어 반대편에 멈췄다. 박 프로의 실수로 힘을 얻은 김 사장은 안정적인 퍼팅으로 파를 잡았다. 2미터쯤 남은 거리에서 박 프로는 아주 신중하게 퍼팅라인을 보는 듯하더니 아슬아슬하게 홀 근처에서 공이 멈춰 보기를 했다.

"아~ 이런 스리퍼트를 하다니!"

정말 안타까워하는 박 프로의 몸짓을 보면 그가 연기를 하고 있는 것 같지는 않았다. 박 프로는 실수를 어이없어 하는 동반자들에게 과장된 손짓으로 홀 아웃을 서둘렀다.

'벼는 익을수록 고개를 숙이고, 고수는 깊은 강물처럼 움직인다.' 박 프로를 보며 떠오른 생각이다. 많이 안다고 나서지 않고, 가진 것을 자랑하지도 않으며, 함께 어울리려는 모습에서 흐르는 강물이 겹쳐진다.

졸졸졸 흐르는 시냇물은 속이 훤히 들여다보이지만, 소리 없이 흐르는 강물은 그 깊이를 짐작할 수 없는 것처럼 사람도 이와 같다. 이것저것 아는 대로 아는 만큼 떠드는 이들은 어찌 생각하면 투명한 시냇물처럼 순수하다 할 수도 있지만 깊이는 한계가 있다.

졸졸졸 노래하는 시냇물과 같은 사람은 '나 여기 있다'며 자신의 존재를 끊임없이 알리려고 애를 쓰는 반면, 소리 없이 흐르는 강물 같은 사람은 흐르면서 주위 사람들을 다 흡수하는 저력이 있다.

Part 5

내 안의 행복 찾기

마음소리에 귀 기울이기

누가 뭐라고 해도 자기 자신, 클럽, 그리고 볼 그것밖에 없다.

-톰 왓슨(Tom Watson)

"내 속엔 내가 너무도 많아 당신의 쉴 곳 없네……."

이렇게 시작하는 노래가 있다. 이 노래를 들으며 사람들은 각자의 입장을 생각한다. 그리곤 '맞아!' 하며 바로 수긍한다. '난 너무 욕심이 많아.' '난 너무 이기적이야.' '난 너무 이해심이 없어.' 등등. 노래를 들고 자신을 돌아보며 반성할 수 있으니 좋은 노래임이 분명하다.

그런데 과연 내 안에 내가 많은 게 확실한가.

"미스 리, 아까 쟤 트리플하지 않았어? 카드에 더블로 적었네."

잠깐 쉬는 사이 화장실로 달려가는 동반자를 가리키며 묻는 사모님.

"전 홀에서요?"

"아니, 아까 1번 홀, 처음 시작할 때 말이야. 거 뭐냐, 물웅덩이에서 공 그냥 꺼내놓고 쳤잖아? 그거 벌점 줘야지."

하늘을 올려다보며 잠깐 생각을 되돌려본다. '아까 물웅덩이라~ 흠…… 에고 지금이 5번 홀인데 1번 홀이면…… 그게 언젠데 아직도 그 생각을 하고 있누.' 파란 하늘을 스크린 삼아 빠르게 되돌려보는 이전의 상황들. '그래, 거기 정지!' 선명하게 다시 떠오르는 1번 홀 상황. 공이 물에 빠지기는 했다. 그런데 그 물웅덩이는 스프링클러의 물 폭탄을 맞아 일시적으로 생긴 현상이라 벌점 없이 구제 가능한 지역이다.

"사모님, 아까 거기는 캐주얼워터로 벌점 없이 옮겨놓고 칠 수 있는 곳이었어요."

"왜?"

아주 못마땅하다는 듯 얼굴을 내게 바짝 들이밀고 묻는 사모님. 햇볕에 타는 것을 막기 위해 치덕치덕 바른 선크림이 흡수되지 못하고 허옇게 일어난 얼굴. 다른 사람의 점수를 신경 쓰느라 자신의 모습은 미처 손쓰지 못했나보다. 땀에 얼룩진 화장품이 잔뜩 찌푸린 미간 주름 사이에 끼인 게 보인다.

화들짝 놀라 뒤로 한 발 물러나며 더 이상 묻지 못하도록 '국제 룰'이라며 못을 박는다.

"예, 일시적 현상으로 생긴 물웅덩이는 벌점 없이 구제받을 수 있도록 국제 룰로 규정되어 있습니다."

방금 게임을 마친 전 홀에서 있었던 일도 아니고 무려 네 홀 전에 있었던 일을 아직도 생각하고 있다는 건 게임에 집중하지 못한다는 소리다.

그러고 보니 그 사모님은 홀을 마칠 때마다 다른 동반자들의 점수를 곁눈으로 확인하곤 한다. 다른 동반자들의 점수만 신경 쓰는 게 아니다. 동반자들의 소지품, 입고 있는 옷이며 신발, 사용하고 있는 클럽 등을 일일이 자신의 것과 비교하며 평가를 한다. 동반자들은 이런 상황이 익숙한 듯 그저 웃으며 듣고만 있다. 같은 물건도 너는 비싸게 사고 나는 더 싸게 샀다느니, 그 옷은 너보다 내게 더 잘 어울릴 것 같다느니 그렇게 동반자들의 머리부터 발끝까지 참견하고 신경 쓰느라 자신의 게임이 잘 풀릴 리 없다.

게임이 잘 안 되는 원인도 동반자에게 돌린다.

"아까 니가 옆에서 왔다 갔다 하는 바람에 불안해서 제대로 스윙을 못했어."

동반자와 자신을 비교하며 자신의 우월함을 과시하려는

사모님은 다른 세 명의 동반자들과 표정도 다르고 말씨도 다르다. 동반자들의 편안하고 여유 있어 보이는 모습과 달리 사모님의 얼굴은 항상 주위를 살피며 쫓기는 고양이처럼 뭔가 모르게 불안하고 눈빛마저 심하게 이리저리 흔들린다. 사사건건 따지고 계산하고 혹여 자신의 점수를 잘못 적지는 않았는지, 아니면 동반자의 점수를 후하게 적지는 않았는지 의심의 눈초리를 거두지 못한다. 당연히 얼굴이 밝을 리 없다.

동반자의 점수를 신경 쓰는 모습을 보고 있자니 사람들 마음속에는 자신보다 타인을 생각하는 시간이 더 많은 게 아닌가 하는 마음이 든다.

노랫말처럼 '내 속엔 내가 너무 많아서……'가 아니라 '내 안에 타인이 너무 많아서' 불행하다. 내 안의 타인과 비교하고, 내 안의 타인과 경쟁하고, 내 안의 타인과 닮아가고 싶어한다. 정작 내 안엔 내가 없다. 내 안에 내가 많으면 생각 하나도 나를 위한 것일 테고, 말과 행동 역시 나를 위한 것일 텐데, 그렇지 못하니 남에게 보여주기 위해 애쓰고, 남보다 잘하려 힘쓰고, 남을 깎아내리려 기를 쓴다. 그러니 무슨 세상 살맛이 나겠나. 허구한 날 비교하느라 바쁜데.

세상에서 가장 강한 사람은 자기 자신을 이기는 사람이다. 남과 경쟁하느라 내 안을 온통 타인으로 채우지 않고 나로 채우면, 나와 경쟁하면, 나를 위해 살아보면, 어제의 나보다 더 나은 나, 내가 나를 이기는 나가 될 텐데. 어제보다 책 한 줄 더 읽으면, 어제보다 한발짝 더 움직이면, 어제보다 한 번 더 웃으면, 어제의 나와 경쟁에서 이기는 진정 행복한 내가 될 수 있지 않을까!

더딜수록 좋은 화(禍), 천천히 따지기

백스윙을 천천히 해주면 이후 과정이 자연스럽게 진행돼 전체 스윙의 리듬감이 좋아진다.

−박인비

예외 없이 홀마다 정체현상을 빚는다. 높은 습도 때문에 불쾌지수까지 더해 골퍼들은 티샷 하는 앞 팀은 아랑곳하지 않고 커다란 목소리로 불만을 토해낸다.

"야~ 이거 너무하는 거 아니야? 도대체 팀을 얼마나 많이 받아서 가는 데마다 이렇게 밀려?"

나는 재빨리 반쯤 녹은 얼음이 들어 있는 생수병에 인스턴트커피를 넣고 칵테일 섞듯이 흔든다. 그렇게 급제조한 얼음커피를 종이컵에 따라 잔뜩 인상을 쓰고 있는 골퍼들에게 한 잔씩 건넨다.

"얼음이 딱 알맞게 녹아서 지금이 아니면 아이스커피 맛이 제대로 안 나요. 그리고 요 홀에서 마시는 커피가 제일 맛있어요."

홀마다 기다려야 하는 골퍼들에게 미안한 마음이 들어 조금 너스레를 떨어본다.

"시원해서 좋네!"

골퍼들은 잠깐의 시원함에 불만을 도로 집어넣는다. 그런데 어딜 가든 꼭 딴지 거는 사람이 있다. 종이컵에 담긴 커피를 내게 들이밀며 퉁명스럽게 한마디를 던지는 골퍼.

"커피 한 잔 주고 팁을 얼마나 받으려고 그래?"

빙글빙글 웃으며 나를 쳐다보는 눈빛이 '내가 다 알고 있다.'는 듯하다.

순간적으로 기분이 확 상한 나는 참지 못하고 되받는다.

"집에 손님이 오시면 차 대접하잖아요? 손님께 차 한 잔 대접 못할 만큼 저 어렵지 않거든요. 커피값은 안 주셔도 됩니다."

잠시나마 시원한 커피로 기다림의 지루함을 잊게 해주고 싶었던 마음이 무시당했다는 생각에 나도 모르게 맞받아 대꾸한다. 그리곤 바로 후회를 한다. 이런 젠장! 갑자기 싸늘해진 분위기다.

"그 김 사장 말을 그렇게 해? 미스 리가 우리 시원하라고 서비스한다는데 무슨 그런 망발이야. 미스 리 땡큐! 땡큐!"

다행히 골퍼 중 한 명이 얼렁뚱땅 분위기를 전환시켜준다. 덕분에 큰 문제는 생기지 않았지만, 서먹한 분위기로 라운드를 하자니 체감온도가 10도는 더 올라간 듯하다.

"고맙습니다."

라운드 마치고 인사 끝에 아까의 어색한 분위기를 전환시켜준 골퍼에게 감사의 표시로 다시 한 번 인사를 한다.

"미스 리, 속상해서 그런 줄 알지만, 숨도 안 쉬고 공격하면 어떡하나? 내가 미스 리 팬이라 다행이지 김 사장도 한 성깔 해."

"그렇지 않아도 죄송해서 드릴 말씀이 없어요. 앞으론 조심하겠습니다."

허리 숙여 인사드리니 등을 툭툭 두드려준다.

"다 잘 먹고 잘 살자고 하는 일인데 너무 빡빡하게 굴지 말자고 하는 소리야. 매일 시간에 쫓겨 일하는 거 알지만 그럴수록 마음에 여유를 가져야 본인이 스트레스 덜 받지. 받았다고 바로 돌려주면 좀 나은가? 한마디 해서 김 사장 이겨 먹으니 속이 시원해?"

얼굴에 잔주름을 잔뜩 만들고 웃으며 하는 말이 가슴에 와 박힌다.

"열두 번도 더 후회하죠. 마음이 얼마나 불편하든지……."

"다음엔 우리 기분 좋게 라운드하자구!"

골퍼가 내민 손을 머뭇거리지도 않고 다짐하듯 악수를 한다.

'참을 인(忍)자 셋이면 살인도 면한다.'는 소리가 왜 있겠는가. 억울해서 도저히 참을 수 없는 상황이거나, 꼭 한마디 하지 않으면 금방 기절할 것 같은 순간이라도 잠시 숨 한 번 크게 들이쉬고 나면 생각할 수 있는 여유가 조금은 생긴다.

진심을 몰라줘 서운하고, 오해 때문에 곤란한 상황에 처했다 하여 속을 내보이듯 던지는 한마디는 상대의 판단이 옳았음을 증명하는 것일 뿐 나의 진심을 전달할 수 없다. 아무리 스피드가 중요한 시대이기는 하나 더딜수록 좋은 것도 있다.

'화'는 더딜수록 좋다.

아무 때나 시도 때도 없이 마음속에 있는 말을 모두 쏟아내고 버럭, 또는 욱하는 성격이 마치 솔직함의 상징인 것처럼 행동하는 사람이 있다. 본인은 자신의 감정에 충실한 것이겠지만, 상대에 따라서는 그런 사람을 보면서 '솔직해서 좋다'라고 이해하기보다 참을성이 부족하거나, 생각이 깊지 못하거나, 변덕이 심한 사람이란 인상을 받을 수도 있다.

가끔 하늘 보기

골프의 요체는 살아 있다는 것이 얼마나 좋은가 하는 느낌이 들게 하는 것이다.

-피터 도버라이너(Peter Dobereiner)

"언니들 하늘 좀 보세요!"

"어머나 이게 무슨 소리야?"

퍼팅하려고 어드레스 들어갔던 사모님이 자세를 풀고 나를 쳐다본다. 동그랗게 커진 눈이 놀랐다기보다는 어디서 그런 소리가 나는지 궁금한 얼굴이다.

긴밀한 연락을 취하기 위해 근무할 때 가지고 다니는 소형 무전기를 주머니에서 꺼내 사모님을 향해 흔든다. 지지직거리는 잡음과 함께 한 번 더 외치는 소리가 들린다.

"하늘이 너무 예뻐요!"

"죄송합니다. 이어폰을 오래했더니 귀가 아파서 잠시 빼 놨는데…… 소리가 좀 컸죠?"

변명하는 내 말은 듣지도 않고 사모님들은 무전기에서 보라는 하늘을 올려다보며 저마다 한마디씩 한다.

"세상에~ 하늘 좀 봐. 어쩌면 저렇게 새파라니?"

"아유~ 예뻐라! 왜 여태 이걸 못 보고 다녔을까?"

"미스 리, 지금 누가 무전 친 거야? 사무실에서? 서비스 기막히게 하네!"

덩달아 나도 하늘을 바라본다. 진짜 파랗다. 아무리 가을 하늘이 멋지다지만 정말 뭐라 말로 표현하기 어려울 정도로 파랗다. 손가락으로 찌르면 금방이라도 파란 물이 뚝뚝 떨어질 것만 같다. 게임에 빠져 자신의 공만 보고 다니던 골퍼들은 휴대폰을 꺼내 하늘을 향해 손을 뻗친다. 지지직 소리와 함께 무전기에서 난리가 난다. 얼른 이어폰을 다시 연결하고 귀에 꽂는다.

무전을 친 사람은 코스에서 일하던 동료다. 선배들이 무전기를 통해 동료를 야단치는 소리가 바쁘다. "너 미쳤어?" "진행이나 잘해." "끝나고 사무실로 올라와." 사무실로 올라오라는 마스터님의 목소리에 시끌시끌하던 무전기가 조용해진다.

'이렇게 예쁜 하늘 한 번 보자는 게 뭐 그리 큰 잘못이라고······.' 나보고 사무실로 오라고 한 것도 아닌데 괜히 속상하다. 아름다운 것을 함께 보자는 사람에게 칭찬은커녕 야단과 비난이 난무하다니 참 고약한 세상이다.

파란 유리 같은 하늘을 배경으로 부산스럽게 사진을 찍는 사모님들을 모시고 다음 홀로 이동하기 위해 카트를 탄다.

"미스 리, 아까 무전 누가 친 거야? 상 줘야겠어. 라운드하면서 오늘처럼 기분 좋은 날은 처음이야. 언니들이 매일 우리더러 빨리 치라고만 했지, 언제 한 번 이렇게 하늘 보라고 얘기한 적이 있어? 너무 너무 기분 좋다!"

기분이 좋기는 나도 마찬가지다. 항상 시간에 쫓기고, 사람에 치이고, 일에 파묻혀 이토록 가슴을 시원하게 만들어주는 하늘 한 번 제대로 못 보고 지냈는데, 오늘 뜻하지 않은 무전으로 가슴속이 뻥 뚫리는 청량한 기분을 느낀다. 분명 이 시간이 지나고 나면 무전으로 하늘을 보라고 외쳤던 동료는 질책을 받을 수도 있고, 심하면 근무정지라는 벌칙을 당할 수도 있다. 당사자는 아마도 각오하고 저지른 것이란 생각이 든다. 평소 그가 하는 행동으로 봐선 그렇게 아름다운 하늘과, 그 순간이 아니면 느낄 수 없는 감정을 공유하고 싶은 마음이 더 간절했으리라.

빠름이 중요한 시대에 사는 까닭에 하늘이 파란지, 퍼런지, 어떤지도 볼 여유가 없다. 앞만 보고 달리는 사람들과 나란히 걸으려면 곁눈질 한 번이 어려운 세상이다. 이웃에 누가 사는지도 모르고 어쩌다 아파트 엘리베이터를 함께 탄 사람에게 같은 동에 사는 사람인지, 아니면 외부인인지 의심의 눈초리를 보내야 한다. 한눈팔면 남보다 뒤처진다는 강박관념에 무조건 달려야 성공할 수 있다고 믿는다. 그러니 하늘을 보며 계절을 느낀다는 것은 사치나 시대에 뒤떨어진 생각으로 여겨질 수도 있다.

누구나 공평하게 하루 스물네 시간을 산다. 그러나 그 스물네 시간을 어떤 사람은 앞만 보고 달리느라 남의 뒤통수만 보며 살고, 어떤 사람은 스물네 시간 안에 하늘도 담고, 꽃도 담고, 사람도 담아가며 행복하게 산다.

키재기 안 하기

사람에게 이기려면 게임으로 이기려 해서는 안 된다. 연습과 노력으로 이겨야 한다.

-벤 호건(Ben Hogan)

"와~ 나이스 샷!"

"굿 샷~!"

방금 티샷을 날리고 의기양양하게 걸어오는 사모님을 향해 나는 아낌없는 찬사를 보낸다.

"이번에는 진짜 맘에 쏙 들게 쳤어!"

기분이 좋은지 사모님의 목소리 톤이 올라간다. 조금 흥분한 것 같기도 하다.

"거리만 조금 더 나갔으면 정말 금상첨화인데……."

공을 더 멀리 날리고 싶은 욕심에서 나온 말이 아니라 동반자들의 칭찬이 쑥스러워 그러는 괜한 겸손의 말이라는 걸 안다.

"아니에요, 사모님. 저만큼 나갔으면 웬만한 사모님들보다 더 멀리 보내신 거예요."

나는 정색을 하고 사모님을 칭찬한다.

칭찬을 받고 수줍게 웃는 사모님은 매번 동반하는 멤버가 같다. 다른 사모님들에 비해 키가 작은 사모님은 항상 동반자들보다 거리가 많이 짧았다. 그런데 오늘은 별 차이가 없다.

"사모님, 그동안 연습 많이 하셨나 봐요? 거리가 엄청 느셨는데요."

"연습한 거 티나? 티 나야 하는데. 나 정말 연습 많이 했거든."

"지난번보다 스윙리듬이 좋아지셨어요. 임팩트 순간에 힘도 실리고."

"나 진짜 미련 맞게 연습 많이 했어. 요즘도 하루에 세 시간씩 매일 연습해."

"어쩐지~."

"내가 쟤네들하고 운동하면서 얼마나 속이 볶였는지 모르지?"

티샷을 하려고 자세를 잡는 동반자를 가리키며 목소리를 낮춰 말하는 사모님.

"체격조건이 좋고 운동신경이 발달한 쟤네들을 내가 어떻게 따라가? 키도 작지 힘도 없지 운동엔 젬병이지. 같이 라운드하고 속상해서 몰래 운 적도 있어."

그 말을 하곤 손으로 입을 가리며 웃는 사모님을 보니 꼭 중학교 다니는 소녀 같다.

아닌 게 아니라 사모님과 동반한 분들을 보면 두 명은 170센티미터쯤으로 보이고, 다른 한 명도 그보다는 못하지만 그래도 160센티미터를 훌쩍 넘어 보인다. 지금 내 앞에 서 있는 사모님을 내가 내려다보고 있으니 아마도 사모님은 150센티미터에서 1~2센티미터 조금 넘을까 말까하다. 게다가 동반자들은 다른 운동도 하는 모양인지 반팔 티셔츠 아래로 드러난 맨살근육이 단단해 보인다. 반면 사모님은 여리여리한 모습이 딱 엄마 따라 나온 아이다.

하루 세 시간씩 연습을 한다고 하는 걸 보면 겉으로 내색은 안 하고 다녔지만 라운드 할 때마다 얼마나 마음이 불편했을지 짐작이 간다.

"아무리 연습해도 쟤네들 못 따라가. 근데 연습하면서 나하고 쟤들하고는 키가 다르다는 걸 알았어. 뱁새가 황새 따라가려니 다리가 찢어지는데 아플 수밖에 없지. 그리고 취미생활 즐기면서 스트레스 받으면 운동 접어야지. 매일 속 끓이면서 할 필요 뭐 있겠나 싶은 거야. 연습장에서 연습한 만큼만 하자. 연습한 대로 못 쳤을 때 나한테 화를 내든 속상해 하든 하자, 그렇게 맘먹으니까 되게 편하게 잘 쳐지네. 생각 잘했지?"

자랑스럽게 얘기하는 사모님을 향해 나는 엄지를 들어보였다.

자신이 처한 환경이나 조건에 얽매어 다른 것을 보지 못하고 속앓이를 할 때가 많다. 동전도 앞뒤가 있고, 양지와 음지가 있고, 낮과 밤이 있다. 한 면만 있는 동전은 가치가 떨어진다. 아니 아예 화폐로 존재할 수가 없다. 태양의 위치에 따라 양지가 음지가 되기도 하고, 음지가 양지가 되기도 한다. 또 낮과 밤이 따로 구분되지 않으면 쉼 없이 움직여야 하므로 어느 순간 에너지가 방전되어 쓰러지고 만다. 그와 반대로 밤만 계속 이어진다면 무기력한 인간으로 변할 것이다.

이처럼 모두 좋은 것도 모두 나쁜 것도 없다. 나에게 단점이나 약점이 있다는 건 그 이면에 다른 장점이 분명 있다는 얘기다. 다른 이가 가지고 있는 장점이라고 해서 그들이 모두 좋아하는 것은 아니다. 그냥 내가 보기에 부러울 뿐이다.

‘부러우면 지는 거다.’라는 말을 뒤집어 보면 ‘너도 할 수 있다.’이다. 단지 방법이 다를 뿐이다. 그 다른 방법을 찾는 것은 각자의 몫이다.

가방 정리하기

비기너가 몸을 충분히 꼬지 않는 것은 몸을 꼴수록 볼에서 멀어
진다는 공포심 때문이다.

-찰스 무어(Charles Moore)

"어, 어, 아이고 빠져버렸네!"

떼구르르 구르던 공이 맥없이 물속으로 떨어진다. 공을
친 골퍼는 못내 아쉬운 듯 물가 근처를 기웃거리다 공을 건지
려는 모양이다. 들고 있던 클럽을 물속에 넣고 공을 끌어내려
고 한다. 공은 빤히 보이지만 클럽으로 건지기에는 거리가 멀
다. 몇 번 시도하던 골퍼가 돌아선다.

"내 가방에서 공 좀 꺼내줘."

골프가방 앞 지퍼를 열고 보니 공과 티가 한 가득이다. 아
무거나 손에 집히는 대로 꺼내 들고 골퍼에게 다가간다.

"이거 말고 다른 공은 없어?"

"공 많던데요. 다른 공 갖다드려요?"

"어, 아니야. 내가 가져올게."

나보다 더 빠른 걸음으로 앞서 걷는 골퍼를 보며 생각한다.

'다 헌 공이더구만, 그게 그거 같던데······.'

골퍼는 가방 여기저기 지퍼가 있는 곳은 다 손을 넣어본다. 아마 넣을 수 있는 모든 공간에 공이 들어 있는 것 같다. 겨우 맘에 드는 공을 찾았는지 공을 쳐야 할 지점으로 간다.

골퍼가 공을 찾느라 시간을 허비한 사이 뒤 팀에서 무전이 들어온다.

"아직 멀었어요?"

"네, 잠시만 기다려주세요. 죄송합니다."

황급히 대답을 하고 골퍼를 바라보니 아직도 무얼 망설이는지 공칠 자세가 아니다.

"치셨어요?"

안 친 것을 뻔히 알지만 빨리 치라는 것보다는 쳤냐고 묻는 게 더 낫다.

"미스 리 미안한데, 아까 그 공 다시 줘봐. 이건 새 공이라 또 물에 빠뜨릴까봐 안 되겠어."

'아니 그 많은 공 중에서 하필 아까운 공을 집어가셨대요?

그렇게 오래 시간을 끌더니……'

속에서 열이 올라오지만 꾹꾹 누르고 목소리를 가다듬는다.

"아까 제가 드렸잖아요. 주머니에 안 넣으셨어요?"

"가방에 도로 넣었어."

이것저것 생각할 새가 없다. 백 미터 달리기 하듯 전력질주해서 가방을 연다.

이런! 가방 안에 동그란 얼굴들이 뒤죽박죽 섞여 있다. 급하게 서두르니 아까 어떤 브랜드의 공을 꺼냈었는지 생각이 안 난다. 대부분의 골퍼들은 선호하는 브랜드가 있는데, 가방 안에서 브랜드가 각기 다른 공들이 저마다 '저요, 저요!'를 외치는 것 같다.

할 수 없이 아무 공이나 꺼내들고 다시 달린다. 겨우 공을 치고 급하게 다음 지점으로 이동한다.

"가방 정리 좀 하셔야겠어요. 티하고 공하고 마구 섞여서……."

"많으면 좋잖아."

"쓸 만한 공 별로 없던데요 뭐, 다 물먹어서. 공도 유통기간 있대요."

"그래? 집에 새 공도 아직 많은데."

"그럼 새 공 쓰세요. 해저드에서 건진 물 먹은 공 치니까 거리가 안 나서 또 물에 들어가잖아요.”

“그런가?”

“물 먹은 공은 평균 10야드 정도 덜 나간대요. 10야드면 한 탄데.”

“그래도 저렇게 많은 공을 어떻게 해? 다 쓰고 나서 새 공을 써야지.”

말을 마친 골퍼는 아직도 물에 빠진 공에 미련이 남는지 뒤를 돌아본다.

장담컨대 그 골퍼가 새 공을 치는 것을 보기는 어려울 것 같다. 생각 같아서는 사용할 수 있는 공 몇 개만 남기고 가방 속의 공을 모두 버리고 싶다. 마구 엉켜 있는 티도 다른 쪽으로 옮겨놓고 싶은데 가방 주인이 달가워하지 않을 듯하여 생각을 접는다.

물건을 제자리에 반듯하게 두는 것만이 정리가 아니다. 필요 없는 것은 과감하게 버리는 것도 정리다. 쌓아두기만 하고 오래도록 사용하지 않는 것은 잡동사니에 불과하다. 정작 다른 것이 필요해서 찾아야 할 때엔 걸리적거리면서 시간을 낭비하게 만든다. 급할 때는 짜증을 유발하게도 한다. 이래저래 쓸모없는 물건이다.

아깝다고 쓰지도 않으면서 곱게 모셔두지 말고 훌훌 먼지 털어내듯 버리자. 물건도 생각도 사람도 정리가 잘 되어 있으면 좀 더 여유로운 생활을 할 수 있다.

한 발 물러나 바라보기

가장 좋은 골프는 생각이 가장 적을 때 할 수 있다.

-보비 존스(Bobby Jones)

"미스 리 커피 있어? 눈이 뻑뻑해서 공이 안 보여."

티샷을 마치고 드라이버를 내게 건네며 묻는 사모님.

"따뜻하게 드릴까요? 차게 드릴까요?"

"그래도 커피는 뜨거워야지. 뜨신 물 있어? 내가 탈게."

소지품 가방에서 꺼낸 일회용 커피를 빼앗듯이 가져간다.

"미스 리 나 어제 꼴딱 밤새고 왔는데 모르겠지?"

"쌩쌩하신데요 뭘. 밤은 왜 새셨대요?"

"그래. 니가 무슨 걱정이 있어서 밤을 샜냐? 가게 장사 잘
되지, 월세 꼬박꼬박 잘 들어오지, 애들 출가해서 잘 살지, 신
랑 아직도 현역으로 잘 벌지…… 아유~ 세상에 가장 부러운

사람이 넌데.”

동반자가 사모님 손에 들린 커피를 홀랑 채간다.

“우리 식당 주방장이 관둔다는데 내가 잠이 오니? 독립해
서 자기 식당 차리고 싶대.”

“어머, 어머, 너네 주방장 없으면 안 되잖아?”

“그러게. 이래저래 잠이 안 와서 예전에 봤던 드라마 밤새
보다 그대로 나왔어.”

“야~ 걱정 있다는 사람이 드라마가 머리에 들어오니? 하
여튼 팔자 좋은 년은 고민도 별스럽게 한다.”

“모르는 소리하지 마. 드라마에 빠지면 잡생각도 안 들고
가끔은 드라마 속에 나오는 대사 한마디가 문제를 해결해주
기도 하거든. 그래서 내가 드라마 좋아하잖아.”

“그래서 문제 해결했다는 소리네?”

“뭐 딱히…… 근데 서로에게 최선의 방법을 택하자는 생
각은 들더라. 원래 한 3년 더 하다가 주방장한테 완전히 맡길
생각이었거든. 조금 앞당겼다고 머 누가 뭐라겠니?”

“가게를 주방장한테 넘긴다고?”

“어차피 주방장도 다른 데다 가게 얻고 이것저것 준비하
고 자리 잡으려면 시간도 들고 돈도 많이 들 텐데, 하던 가게
인수하면 더 좋지 않겠어? 나는 세나 받고 슬슬 놀러 다니면

누이 좋고 매부 좋은 거 아니야?"

"뭔 드라마를 봤길래 그런 결정을 했다니?"

"이게 최선입니까? 최선이에요? 하고 다그치던 남자 주인 공한테 내가 홀딱 빠졌었잖아."

많은 사람들이 '바보상자'라고 하는, 그래서 멀리 하라는 TV를 보면서 문제를 해결했다는 사모님을 보니 웃음이 난다. 하긴 모두 나쁘다고 해도 나에게 좋으면 좋고 잘한 선택이지 누구 눈치볼 것 뭐있나 싶다.

가끔 어려운 문제에 부딪혀 전전긍긍 할 때가 있다. 그런데 정작 문제에 너무 집착하다 보면 문제 속에 빠져 해결 방법이 전혀 안 보인다. 문제에 답이 있다고 하지만 문제에 빠지면 문제만 보인다. 깊은 산속에 들어가 나무만 열심히 보고 산은 못 보는 것과 같다.

한걸음 뒤로 물러나면 전체가 보인다. 마치 조감도를 펼쳐놓고 살피는 것과 같다. 건물을 지을 때 이미 완공된 것을 예상해서 그린 조감도를 보면서 주변 경관과 어울리는지, 원래 의도했던 대로인지, 또는 잘못된 부분은 없는지 등을 살피는 것처럼, 당면한 문제 역시 멀찍이 떨어져 살피면 분명 해결책이 숨어 있다.

문제에 빠지지 않고 한 발 물러서면 머리 아픈 걱정거리도,
잠을 설치게 한 고민거리도 실은 한 점에 불과하다.

가까운 곳에서 행복 찾기

오래 사는 인생도 아니다. 서두르지도 근심하지도 말자. 우리 인생길에 있는 꽃의 냄새나 실컷 맡자.

-월터 헤이건(Walter Hagen)

앞서 걷던 골퍼가 갑자기 걸음을 멈추고 돌아서더니 다리를 넓게 벌리고 선다. 허리를 숙여 벌린 가랑이 사이로 머리를 넣는다.

"야~ 멋지다! 너희도 한 번 해 봐."

"어머 저이가 또, 여보!"

뒤따라오던 사모님이 질색을 하며 소리친다.

"당신도 이렇게 해봐. 노을이 기막혀!"

딱 이맘때, 해가 넘어가기 시작할 때 마지막 홀 세컨샷 지점에 오면 이 골퍼는 항상 거꾸로 하늘을 본다. 혼자만 그러는 게 아니라 동반자들에게도 권한다. 나에게도 그런 자세로 석양을 볼 것을 종용한다. 자세가 조금 이상하긴 해도 그렇게 보는 저녁 하늘은 정말 장관이다.

온통 주홍빛으로 물든 하늘 가운데 달걀 노른자마냥 떠 있는 태양. 어느 날은 구름 몇 점이 석양을 등지고 검은 솜사탕처럼 갈래갈래 풀어져 보일 때도 있다. 해 저물녘 하늘은 참으로 신비롭기까지 하다.

"내가 이 맛에 요 시간에 공치러 온다니까."

"매일 보는 해가 뭐 그렇게 신기하다고."

남편의 그런 행동이 못마땅한 사모님은 거꾸로 엎드린 남편을 향해 눈을 흘기고 앞서 걷는다. 거꾸로 고개를 숙이고 있었던 탓에 벌게진 얼굴을 하고도 골퍼는 한동안 석양을 바라본다.

"뒤 팀 기다리는데 이제 그만 가시죠."

아이처럼 신난 골퍼에게 그만 가자고 재촉하자니 미안한 마음이 든다.

"미스 리도 매일 보는 해라 별론가?"

별로는 아니라도 별스러운 자세로 볼 만큼은 아니라고 대답하고 싶다.

"매일 보는 저 해가 말이지, 어제 본 해와는 또 달라요. 매일 보는 하늘색이 볼 때마다 다르고, 구름도 다르고, 넘어가는 저 해도 다른 게 참 신기하지? 매일 봐도 언제나 처음 보는 것 같다니까."

"그런가요?

"모든 순간이 다 처음이지. 그렇게 생각하면 모든 게 신기하고 새로우니 얼마나 좋으냐? 이런 게 행복이지. 행복이 뭐 별거냐?"

'사람이 나이가 들면 모든 일에 무뎌진다고 하던데 예외도 있는가 보다.' 그렇지 않다면 감수성 예민한 사춘기 소녀들에게서나 볼 수 있는 행동을 아무렇지 않게 하는 백발의 어르신을 달리 설명할 수가 없다. 석양이 아름답다고 감탄을 하면서도 이상한 자세까지 취하는 극성스러움을 보이는 골퍼는 없었는데, 이분은 좀 다르다. 석양만이 아니라 라운드 중코스 내의 작은 꽃이나 풀, 나무도 그냥 지나치지 않는다. '예쁘다!' '어쩌면 저렇게 앙증맞냐?' '나무가 참 점잖게 생겼다.'는 등 감탄과 칭찬을 아끼지 않는다. 그럴 때 얼굴에 나타나는 표정을 보면 '행복한 순간이란 바로 이런 거구나!' 하는 것을 느낀다.

'행복해서 웃는 게 아니라 웃어서 행복하다.'는 말이 있다. 흔하디흔한 말, 상투적인 말, 누구나 알고 있는 말이지만 아무도 그대로 할 수 없는 말이다. 현재가 만족스럽지 못하면 억지로 웃을 수도 없고, 주위의 모든 게 아름답게 보일 리 없다.

심리학자 매튜 채펠(Matthew N. Chappell) 박사는 "행복은 순전히 내적인 태도"라고 했다. 사물과 현상에 대한 자신의 생각이나 태도에 따라 행복하기도, 그렇지 않기도 하다는 말이다. 그렇게 보면 도처에 행복이 널려 있다.

길가에 피어난 작은 풀꽃을 보려고 가던 걸음 잠시 멈추고 지그시 웃음 짓는 순간도 행복이고, 어제와 다른 하늘을 보면서 새로움을 느끼며 감탄하는 순간도 행복이다. 또 자신이 느끼는 행복한 순간을 함께 나누려는 마음도 행복이다.

미루지 않고 여유 즐기기

연습을 많이 할수록 좀 더 많은 행운을 얻었다.

-게리 플레이어(Gary Player)

클럽을 한꺼번에 물통에 넣고 흔들어 꺼내서 수건으로 닦는다. 한 명이 보통 한 홀에서 4~5개 클럽을 사용하니 한 홀을 마치고 나면 닦아야 할 클럽이 12~20개 정도가 된다. 앞 팀이 이동하는 시간을 감안해 클럽을 후다닥 닦고 방금 게임을 마친 홀 스코어 계산을 해서 카드에 기록하고, 이번 홀 티샷 할 클럽을 꺼내려고 보니 골퍼들 손에 이미 클럽이 다 쥐어져 있다.

"미스 리가 엄청 바쁜 것 같아서 우리가 알아서 가져갔어. 뭐가 그렇게 바빠?"

"아유~ 닦을 클럽이 좀 많아요?"

"치고 나서 바로 닦으면 안 되나? 그럼 시간이 남을 텐데."

"뭐 바로 닦을 때도 있어요. 근데 처음부터 이렇게 해서 중간에는 잘 안 닦게 돼요."

"에헤~ 이제 보니까 미스 리, 나중으로 미루는 버릇 있네."

"에?"

"중간에 충분히 시간이 된다면서 왜 모았다가 하느라고 그래? 모았다가 한 번에 하려니까 시간도 더 걸리고 바쁘잖아, 쉬지도 못하고."

"어! 앞 팀 벌써 저만큼 도망갔어요. 얼른 치세요!"

게으름 피우다 들킨 게 민망해서 괜히 너스레를 떤다.

"나 56도 하고 퍼터 주면 돼."

세컨 샷 마치고 사용한 클럽을 내게 주며 다음에 사용할 클럽을 말하는 골퍼. 앞으로 이동하면서 내가 받은 클럽을 닦는지, 그냥 플라스틱 통 안에 한꺼번에 집어넣는지 보는 눈치다. 지켜보는 눈이 있으니 클럽을 닦아서 제자리에 넣고 원하는 클럽을 들고 달린다.

구력이 20년 이상 넘는 분들이라 움직임이 여유롭다. 페어웨이에서도 그렇지만 그린에서도 손수 볼 마크를 하고 아예 허리춤에 볼 닦는 작은 수건을 매달고 다니는 분도 있다. 그러니 내가 할 일은 그렇게 많지가 않다. 간혹 그린 위에 공이 떨어질 때 생긴 상처를 메우거나, 수리하거나, 홀 주변 높낮이를 물을 때 알려드리는 것이 고작이다.

감시자가 생긴 덕분에 이번에는 닦을 클럽이 몇 개 안 된다.

"거 봐라 훨씬 여유가 생겼지."

가지고 온 일회용 믹스 커피를 종이컵에 타서 내게 준다.

"예전에 우리도 많이 그랬지. 방학숙제 안 하고 잔뜩 미뤄 놨다가 개학 전날 숙제하느라고 엄청 고생했잖아. 미스 리도 그런 적 있지?"

"많지요."

"그래, 특히 일기는 더 그랬지, 날씨가 생각이 나나, 뭐 했는지 생각이 나나, 매일 밥먹구 놀았다고 쓸 수도 없고……."

"원래 그맘때는 다 그런 거지."

오래전 어린 시절을 생각하는지 김이 모락모락 올라오는 종이컵을 물끄러미 바라보는 골퍼들의 입가에 잔잔한 미소가 피어오른다.

"세 살 버릇 여든까지 간다고, 그래도 미루는 건 일찌감치 고쳐야 돼. 하루하루 밀린 일기 쓰다보면 내용도 부실하고, 어느 때는 없는 말도 지어서 써야 하잖아. 가장 힘들었던 건 하루 만에 한 달 치를 다 써야 하니까 그게 얼마나 고역인가, 안 그러냐?"

내 눈을 지그시 바라보며 묻는 모습이 초등학교 5학년 때 담임선생님을 떠올리게 한다.

늦가을 선선한 바람이 목을 간지럽힌다. 계절 따라 커피 맛이 다르게 느껴지는데 특히 가을에 마시는 커피는 가슴속까지 커피 향으로 진하게 물들이는 듯하다.

"내가 살아보니까 뭐든 미루는 건 안 좋더라. 오늘 할 일은 오늘 안에 다 마쳐야 마음도 개운하고 일에 치이질 않아. 작은 일이라고 대수롭지 않게 생각해 내일 해야지 몇 번만 미루면, 나중에는 감당할 수 없을 만큼 쌓이게 돼. 그 안에 또 다른 일이 자꾸 생기거든, 나이든 노인네가 별 걱정 다한다고 생각하지 말고, 다 해봤으니까 하는 말이야. 일이 쌓이니까 나중에는 하기도 싫고 하루하루가 꼭 빚진 것 같더라니까. 괜히 마음만 바쁜 거야. 늘 쫓기는 것 같고. 내가 아까 잔소리 안 했으면 미스 리 지금처럼 커피 마실 시간 없을 게다."

잠시 여유로운 시간을 가질 수 있게 해준 골퍼는 그간 자신이 살아온 세월 속에 녹아든 지혜를 이렇게 알려준다.

지금 할 일을 미루지 않으면 애쓰지 않아도 여유를 즐길 수 있다.

자신만의 주문 만들기

가장 좋은 전략은 당신의 스윙을 믿는 것이다.

-로리 마이어스(Lori Meyers)

까무잡잡한 피부에 유독 눈이 반짝이는 골퍼. 모자에 눌린 덥수룩한 머리카락이 어깨까지 내려온다. 크다고 하기보다 길다고 해야 할 만큼 큰 키에 마른 체격을 한 골퍼는 벌써 몇 번째 연습스윙 중이다.

'어쩌면 저렇게 부드러울 수가 있지?'

키가 큰 만큼 긴 팔로 그가 만든 커다란 아크는 마치 밀크 커피를 휘젓는 듯 부드럽고 아름답기까지 하다. 아직 앞 팀이 가까이 있어서 서두르지 않아도 되니 나는 긴 골퍼의 멋진 스윙을 맘껏 감상한다.

"김 프로님 스윙은 언제 봐도 멋있어요!"

곁에서 지켜보던 여성 골퍼가 콧소리를 섞어 칭찬을 한다.

'멋있다고 하면 되지 코맹맹이 소리는 뭐야?'

스윙 폼이 아름다운 골퍼와 운동하는 동반자가 부러운 마음에 괜히 입을 삐쭉거려 본다.

동반한 골퍼들을 포함해 나까지 여덟 개의 눈동자가 모두 김 골퍼의 부드러운 스윙에 빠져들어 최면에 걸린 듯 금방이라도 눈에서 달달한 꿀이 떨어질 것 같다. 정작 이런 시선을 받는 골퍼는 주변사람들의 마음을 아는지 모르는지 연속해서 멋진 샷을 보이며 자신의 게임에만 집중하는 모습이 더 마음을 끈다.

"미스 리, 나 드라이버 좀 줄래요?"

벙커에 빠진 공을 뚫어져라 바라보던 골퍼가 드라이버를 달라고 한다. 아니, 그린까지 20미터 될까 말까한 거리에서 드라이버를 치겠다고? 눈을 깜빡이지도 않고 골퍼를 바라본다.

"드라이버요?"

혹시 잘못 들었나 싶은 생각에 확인차 묻는다.

"어, 벙커 모래가 너무 딱딱해서 클럽이 안 들어갈 것 같아. 앞에 장애물도 없고 그린까지 평지네. 드라이버로 퍼터처럼 한 번 쳐보려고."

그린 주변 벙커에서 퍼터를 사용하는 것은 봤지만 드라이버를 사용하겠다는 골퍼는 처음이다. 이제까지 그의 멋진 샷이 한 번도 나를 실망시킨 적이 없었던 것처럼 이번에도 멋지게 벙커에서 탈출할 수 있을 것이란 믿음이 반, 그러다 실수하면 어쩌지 하는 걱정스런 마음이 반씩 섞여 드라이버를 건네는 내가 어정쩡해 보였나보다.

"미스 리 걱정하지 마. 내가 근사하게 온 그린 시킬 테니까."

오히려 그가 나를 안심시킨다.

드라이버를 퍼터처럼 세워 자세를 잡은 골퍼는 크게 심호흡을 하더니 어린아이 엉덩이를 두드리듯 공을 톡 때린다. 엉덩이를 맞은 공은 살짝 떠서 벙커를 넘어 톡톡 튀며 그린을 향해 구른다.

"어머! 어머! 나이스 온! 나이스 온!"

코맹맹이 소리하던 골퍼가 호들갑을 떨며 '나이스 온'을 나보다 더 크게 외친다. 걱정하던 나를 안심시켜준 골퍼에게 고마움의 표시로 크게 칭찬의 소리를 하려고 별렀는데 다른 동반자들의 환호성에 묻힌다.

다음 홀 티잉그라운드에 올라 어드레스 들어간 골퍼 뒤에서 공의 방향을 봐주려고 선 내 귀에 들리는 골퍼의 낮은 목소리.

"최대한 멋지게!"

그랬다. 그는 샷을 하는 매 순간 자신에게 '최대한 멋지게'
란 주문을 건다. 그리곤 자신이 건 주문대로 멋진 샷을 하며
게임을 풀어간다.

그런 골퍼를 보면서 그는 운동뿐만이 아니라 자신의 인생
도 주문을 걸며 멋지게 살아가지 않을까 하는 생각이 든다.

영국의 비평가 존 러스킨(John Ruskin)은 "인생은 흘러가는
것이 아니라 자신이 가지고 있는 무엇으로 채워가는 것"이라
고 했다. 우리는 하루하루 주어진 시간을 그저 채우기 바쁘
다. 허나 채우는 것보다 더 중요한 건 무엇으로 채우느냐, 어
떻게 채우느냐이다. 자신이 원하는 삶이 무엇인지 모르면 타
인에게 보여주기 위한 삶을 살 수밖에 없다. 다른 이들의 기
준과 평가에 연연해서 고유한 자신의 개성을 희석시키며, 내
것이 아닌 타인의 것으로 하루를 채우고 있지는 않은가.

인간은 더불어 살아야 하는 존재라는 이유로 무리에 섞이
기 위해 적당히 살다보면 어느 날인가는 분명 '이게 아닌데'
하는 후회가 밀물처럼 들이닥친다. 함께 더불어 산다는 것은
각자 타고난 재능을 가지고 서로 도움을 주고받으며 성장하
고 발전하는 것을 말함이지, 타인과 엇비슷하게 살라는 뜻은
아니다.

누구나 행복한 인생을 살고자 하지만 행복은 거저 주어지지 않는다. '행복하게, 재미있게, 신나게'라고 머릿속에 떠오른 생각대로 주문을 외쳐보자. 스스로의 주문에 따라 인생이 달라진다.

"최대한 행복하게." "최대한 재미있게." "최대한 신나게."

길은 달라도 행복하기

승산이 없어도 나는 항상 최선을 다한다.

-아놀드 파머(Arnold Palmer)

"야~ 이거 물 넘기기 쉽지 않겠는데! 물 끝까지 얼마나 돼?"

"해저드 끝까지는 200미턴데 안전하게 넘기시려면 캐리 220은 치셔야 돼요."

"왼쪽으로 돌아갈 수 있나?"

"네, 괜찮아요. 그것도 좋은 방법이에요."

티잉그라운드에 서서 앞에 떡하니 입을 벌리고 있는 워터 해저드를 보며 질문이 폭발한다. 웬만한 남성들은 모두 넘길 만한 거리지만 아무래도 그냥 페어웨이에서의 200미터와 눈앞에 출렁이는 물을 넘기는 200미터는 확연히 다르게 느껴지는 모양이다.

맨 처음 골퍼가 친 공은 아슬아슬하게 해저드를 넘기고 오르막 언덕에 겨우 안착한다.

"저거 빨리 가서 쳐야 할 것 같은데, 잘못하면 가는 동안 굴러 내려서 물에 빠지겠어."

언덕 아래로 공이 굴러내려 올까봐 걱정이다.

두번째 골퍼는 너무 힘을 주어 친 바람에 공이 제 거리를 못 내고 물 한가운데로 빠진다. 그다음 골퍼는 아주 안전하게 왼쪽의 페어웨이로 공을 친다. 마지막 골퍼도 왼편을 보고 치기는 했으나 오른쪽으로 날아가 해저드 가장자리 화단으로 떨어진다.

"내 공은 죽은 거야?"

"아니에요. 화단에 떨어진 공은 벌타 없이 드롭하고 치시면 돼요. 로컬룰이거든요."

천만다행이라는 표정을 지으며 카트로 오르는 골퍼. 세컨 샷 지점으로 이동하는 사이 골퍼들은 저마다 다음 샷을 어떻게 칠 것인지를 궁리하느라 조용하다. 그린까지 남은 거리를 확인하곤 그에 맞는 클럽을 꺼내 들고 자신의 공이 있는 곳으로 뿔뿔이 흩어지는 골퍼들.

현재 공이 놓여 있는 위치가 어디든 그다음 공략 지점은 그린이다. 그린에 오르면 또 홀인시키기 위해 노력한다. 홀 안으로 공이 떨어지는 '땡그랑' 소리는 페어웨이에서 진지하고 신중하게 게임에 집중한 이들에겐 더없이 아름답게 들린다. 비록 그 홀에서 '버디'나 '파'를 기록하지 못한다 하더라도 자신이 계획하고 선택한 방법으로 이뤄낸 결과인 만큼 가치 있다. 스코어 카드에 기록될 숫자에 가치를 두는 것이 아니라 집중하고 노력한 자신의 시간에 가치를 두는 것이다.

자신이 생각한 최선의 공략방법으로 홀을 향해 한 발 한 발 앞으로 나가는 골퍼들을 보면서 생각한다. 골퍼들이 어디에서 출발하든 그린으로 향하고 홀에 집중하는 것처럼, 모든 사람들이 살아가는 방식은 각자 달라도 궁극적인 삶의 목적은 한 가지 '행복'이다.

생활환경이 다르고 나름의 가치 기준이 다르므로 행복의 기준이 다른 것은 당연하다. 그러니 타인의 기준에 맞춰 살지 않고 나름의 방법으로 자신의 행복을 찾는 것이 진정 아름다운 인생이며, 지금 걷고 있는 길이 자신이 택한 것이라면 행복으로 가는 길이 분명하다.

Part 6

우리 인생을 닮은 골프

보기만 해도 좋은 사람

사랑과 퍼팅은 철학자들이 풀어야 할 숙제다.

-골프 명언 중에서

골프 용어 중에 보기(bogey)가 있다. 한 홀에서 쳐야 하는 기준 타수보다 한 타 더 많이 친 것을 보기라고 한다. 프로선수가 아닌 아마추어 골퍼들에게 보기란 점수는 그래도 공을 잘 치는 편에 속한다는 위안을 준다. 보기플레이어란 말도 있는데, 보기플레이어란 소리는 칭찬에 가깝기도 하다. 헌데 보기라는 명칭을 빗대어 하는 농담이 또 의미심장하다.

'보기만 하면 변태'라고 하는 말이 그렇다.

"미스 리 나 이거 넣으면 보기지?"

"네, 보기 맞아요."

귀여운 프릴 스커트가 잘 어울리는 사모님. 사실 사모님이라고 하기보다 '언니'라고 불러야 할 듯싶게 밝고 명랑한 분이다. 그런데 오히려 사모님이 가끔 나를 '언니'라고 부른다.

"나 이거 오케이 받고 치면 안 돼? 떨려서 못 치겠어."

나에게 애교를 부려도 나는 어떻게 해드릴 수가 없는데, 사모님은 마치 남자친구에게 어리광을 부리듯 말한다.

"애, 이번 판 배판이야, 무슨 오케이를 줘? 전 홀에서 지가 트리플하는 바람에 배판 만들어 놓고선."

"트리플 하고 싶어 하니? 알았어. 내가 어떻게 하든 집어 넣는다."

여기저기 애교를 부려도 통하지 않자 이번에는 입을 앙 다물고 공을 노려보는 사모님.

"언니, 나 이거 퍼팅라인 잘 봤나 좀 봐줘."

그래도 믿을 사람은 캐디인 나뿐인가 보다. 한껏 부드러운 목소리로 언니를 찾는다.

"잘 보셨네요. 살짝 오르막이니까 컵 하나 정도 지나가게 친다고 생각하세요."

"에휴~ 이 거리가 제일 어려운 거리라며? 조금 더 굴러서 확 붙었으면 얼마나 좋아. 저것들이 내기 한다고 오케이도 안 주고 딴짓하네, 괘씸하게."

계속 쫑알거리는 사모님을 보니 나이를 떠나, 골퍼와 캐디의 관계를 떠나 어깨를 토닥여주고 싶은 마음이 들 만큼 친근감이 물씬 풍긴다.

"사모님, 오늘 퍼팅감 좋으세요. 이제까지 원 퍼터, 투 퍼터로 잘 막으셨어요. 파이팅!"

"어머 그래? 난 몰랐네. 근데 점수는 왜 그래? 떠블, 떠블, 트리플! 투성이잖아."

"그건 어프로치에서 실수를 많이 하셔서 그런 거구요. 퍼트 수는 오늘 사모님이 제일 적으세요. 걱정 안 하셔도 돼요."

"미스 리 지금 우리 퍼터 못한다고 흉보는 거야?"

반대편에서 사모님과 나의 대화를 듣고 있던 동반자가 목소리를 높인다.

에휴~ 이래서 말조심해야 한다. 어느 한 사람 편에 서서 이야기하면 분명히 서운하다고 하는 이가 생기게 마련이다.

"사모님은 스코어가 환상적이라 더 칭찬해드릴 게 없어요."

"진짜 미스 리는 우리를 들었다 놨다 한다."

칭찬은 고래도 춤추게 한다는 말은 맞는 말이다. 가시를 넣어 목소리를 높이던 사모님이 배시시 웃는다.

나의 '파이팅'에 힘을 얻어서인지 어드레스 들어간 사모님의 자세가 예사롭지 않다. 아닌 게 아니라 나도 사모님의 퍼팅이 성공하길 간절히 바란다. 아무리 다른 동반자들보다 골프를 늦게 시작했다고 해도 사모님의 점수는 어쩌면 그렇게 한결같이 더블보기(double bogey), 트리플보기(triple bogey)만 반복하는지 사모님보다 내가 더 보기를 기다린다.

"땡그랑!"

오랜 가뭄 끝 단비가 내리듯 홀 안으로 공이 떨어지며 들리는 맑은 소리.

"어머! 어머! 내가 넣었어! 나 보기 했어."

아이처럼 펄쩍펄쩍 뛰어 하이파이브를 하자고 달려오는 사모님과 손바닥을 부딪친다.

"참 잘하셨어요. 나이스 인!"

"아유~ 나 보기 처음 해봐. 보기만 해도 이렇게 좋네!"

"보기하고 저렇게 좋아하는 사람 처음 본다. 뒤 팀에서 보면 버디라도 한 줄 알겠다."

"보기만 해도 나는 감지덕지야. 매일매일 보기만 해도 좋겠다."

"너 그거 알아?"

보기를 하고 좋아하는 사모님과 하이파이브를 하고 난 동반자가 장난스런 웃음을 지으며 묻는다.

"보기만 하면 변태라고 하더라."

그 말에 그린 위의 다섯 여자가 깔깔깔 동시에 웃음을 터뜨린다.

"변태라도 좋다, 나는 그저 보기만 해도 좋을 것 같아. 예전에 그런 노래도 있었잖아. 그저 바라보기만 해도 좋은 사람."

"아이구, 뭐 눈에는 뭐만 보인다더니, 노래 제목도 다 바꾸고 그런다. 그저 바라볼 수만 있어도 좋은 사람이야."

보기를 하고 저토록 좋아하며 노래와 어떡하든 엮어보려는 사모님을 보면서 '보기만 해도 좋다'와 '보기만 해도 좋은 사람'을 생각한다.

얼마나 좋으면 보고만 있어도 좋을까? 더는 가까이할 수 없어 애가 타지만 바라보기만 해도 좋은 그런 사람이 있다면 하루하루가 얼마나 꿈같을까?

한걸음 더 다가가고 싶은 욕심을 버리면 행복하다는 것을, 파(par)나 버디(birdie)가 아닌 보기로도 만족하는 골퍼를 보면서 다시 한 번 깨닫는다.

연습이 필요해

연습이 필요한 사람일수록 연습에 게으르다.

-벤 호건(Ben Hogan)

"아이고~ 옆구리야!"

티샷을 마친 골퍼가 뒤로 물러서며 오만상을 쓴다.

"형님 어제 연습 너무 많이 한 거 아닙니까? 그만 가자니까 고집부리더니……."

"그런 것 같아. 니들하고 오랜만에 나오는데 민폐 끼치면 안 되잖아."

"형님 실력이 어디 가겠습니까?"

"그런가? 아이쿠 어젠 괜찮은 것 같더니 이래서 18홀 다 칠 수 있겠나? 미스 리 파스 있어?"

옆구리가 아프다면서 다리까지 절며 카트로 다가오는 골퍼.

"에어파스 드릴 테니 화장실서 뿌리고 오세요."

"미스 리가 그냥 뿌려주면 돼지."

바지 속에 넣었던 윗도리를 빼내며 금방이라도 벗을 기세다.

"뿌려드리는 건 어렵지 않은데, 풍기문란으로 퇴장당하셔도 책임 못 져요."

"형님, 식스팩도 없으면서 괜히 망신당하지 말고 화장실 다녀오시죠."

한 손으론 에어파스를 들고 다른 한 손으로 자신의 배를 두드리며 화장실로 향하는 골퍼.

"에헤~ 이놈의 퍼터는 항상 이 모양이라니까."

홀을 비껴 한참을 더 굴러가서 멈추는 공을 따라 걸으며 구시렁거리는 골퍼.

"나는 그린에만 오면 작아진다. 퍼터를 안 할 수도 없고, 아니 도대체 어떻게 하면 너처럼 한 번에 끝낼 수 있는 거냐?"

방금 한 번의 퍼팅으로 파를 잡은 동반자를 바라보며 묻는 골퍼.

"왜 그러세요, 형님. 어쩌다 한 번 들어갔는데."

"아니 글쎄 어쩌다 들어갔어도 나는 한 번에 끝낸 적이 없으니까 묻는 거지."

"형님 제 사무실 가봤습니까? 책상 옆에 퍼터 세워놓은 거 보셨잖아요."

"그러냐? 나는 못 봤는데."

"제가 퍼터 연습은 좀 많이 합니다. 형님, 생각해 보세요.
드라이버 200미터 날려도 한 타, 10센티 퍼터도 한 탄데, 10센
티가 안 들어가면 그거만큼 속상한 게 없습디다."

"그렇군!"

골퍼는 엉거주춤한 자세로 공을 겨우 홀인시킨다. 옆구리
가 결리는지 인상을 쓰며 돌아선다.

"퍼터가 안 된다면서 드라이버 연습을 그렇게 하셨어요?"

골퍼가 들고 있는 퍼터를 받고 눈으로 옆구리를 슬쩍 보
며 한마디 더 한다.

"18홀 도는 동안 드라이버는 열네 번뿐이 안 치는데, 퍼터
는 그 이상을 치잖아요."

사람들은 자신에게 지금 무엇이 필요한지, 어떤 것이 부
족한지, 어느 것에 더 집중해야 하는지는 생각하지 않는다.
다른 사람이 하니까 따라하고, 다른 사람이 그것으로 성공했
다고 하니 덤벼든다. 그러다 보니 정작 자신이 하고 있는 일
과는 무관한 일을 하거나, 자신의 장점을 살리기 위한 노력보
다 단점을 가리기 위한 일에 더 시간을 많이 허비한다. 그러

면서 노력한 만큼의 성과가 없음을 한탄하거나 자신의 능력을 의심한다.

다른 사람이 한다고 해서 나도 꼭 같이 해야 하는 것은 아니다. 조직에 속해 있다면 조직의 목표를 향해 같이 해야 할 일이 있고, 그 목표를 달성하기 위해 내가 해야 할 일이 분명하게 따로 있다. 같이 하지만 따로 해야 할 때는 나의 장점을 최대한 살려서 실력발휘를 해야 한다. 다른 이들과 같이 하려고 하다보면 눈치를 살피면서 수동적으로 행동할 수밖에 없다. 그 과정에서 나타나는 자신의 단점으로 인한 열등감에 시달릴 수도 있다.

지금 자신에게 필요한 연습이 어떤 것인지 살펴봐야 한다. 혹시 남들이 하니까 같이 따라하고 있지는 않은가.

지킬 건 지키자

골프는 용사처럼 플레이하고 신사처럼 행동하는 게임이다.

−데이비드 로버트 포건(David Robert Forgan)

골프는 신사의 스포츠라고 하지만, 심한 내기라도 하는 경우에는 간혹 '신사(紳士)'가 '전사(戰士)'가 되기도 한다. 첫 홀에서 희희낙락 즐겁게 출발한 네 분의 신사가 전반 코스 마칠 즈음에는 창과 방패로 무장한 '검투사'로 돌변한다. 한 홀 한 홀 마칠 때마다 돈이 오고가고, 골프가 또 인생에 많이 비유되는 운동이란 걸 말해주듯 연습량이 부족한 골퍼들은 영락없이 실력을 드러낸다. 지갑이 바닥을 드러내는 것은 당연한 일이다. 그런 살벌(?)한 용사(勇士)들과는 분위기 파악을 잘해야 18홀을 무사히 마칠 수 있다.

"샷 하시려면 나무에 걸리겠는데요. 언플레이어블 선언하고 넓은 곳에서 치시는 게 낫지 않겠어요?"

"그럼 벌타 있잖아?"

"벌타 먹더라도 위험해서 안 돼요. 가지고 나오세요."

"아니야. 풀스윙 안 하면 될 것 같으니까 그냥 5번 아이언 줘봐."

"1000원에 목숨 걸지 마시고 그냥 나오세요."

큰 나무 아래로 굴러간 공을 그냥 치겠다는 골퍼와 나의 실랑이.

"얌마! 타당 1000원이면 저 녀석들에게 1000원씩만 줘도 3000원이야. 벌타 먹으면 더 나갈 수도 있잖아."

"말이 그렇지 어디 반스윙만 되겠어요?"

"내가 잘 칠 테니까 걱정하지 마, 미스 리."

'아, 정말 신성한 스포츠를 그냥 즐기면 되지. 그놈의 내기는 한다고 저렇게 고집을 피우고 난리야. 애들이나 같아야 회초리로 협박이라도 하지, 다 큰 어른들이 쯧쯧.' 속말을 하며 혀까지 차고 걱정스럽게 골퍼의 샷을 지켜본다.

"퍽!" 하는 소리와 함께 그 자리에 주저앉는 골퍼. 골퍼를 향해 뛴다. 하프스윙만 하겠다던 골퍼가 힘껏 휘두른 클럽이 나무를 때리고 부러졌다. 다른 곳에 있던 동반자들도 뛰어온다.

왼쪽 귀를 부여잡고 쪼그려 앉은 골퍼. 귀를 잡은 두 손 아래로 피가 목을 타고 흘러내린다.

"119, 119!"

"여기 8번 홀인데 위급 환자 발생했습니다."

휴대폰으로 119를 호출하라는 동반자들과 경기부로 무전을 치는 나의 목소리가 두서없이 엉킨다. 원을 그리던 힘으로 돌아가던 클럽이 나무를 때리고 부러지며 피니쉬 자세에서 부러진 그라파이트 샤프트가 골퍼의 귀를 찌른 것이다. 규칙대로 벌타를 감수했다면 피를 보는 불상사는 없었을 것을, 119구급차에 실려 가는 골퍼를 보니 부러진 검을 잡고 쓰러진 전사 같다.

불의를 보면 참지 못하는 이들에게 투사(鬪士)니 용사(勇士)니 한다. 그러나 규칙을 어기고 막무가내로 목소리만 큰 이들에겐 무지막지하다고도 하고, 단무지라는 은어도 사용한다. 그런데 실상을 보면 그렇게 큰소리를 치며 따져야 할 만큼 큰 것보다 사소한 일인 경우가 많다.

또 살다보면 행동의 규제를 받을 때가 있다. 물론 법이란 테두리를 벗어나는 행위에 대해서는 그에 준하는 형(刑)이 따르기에 조심한다. 그렇지 않고 흔히 말하는 '에티켓'은 사실 지켜도 그만 안 지켜도 그만이다. 굳이 형벌을 수반하지 않으니 자신만 편하면 타인이야 불편하든 말든 개의치 않는다.

두 사람만 있어도 무언의 규칙이 만들어진다. 하물며 여럿이 함께 살아가는 세상에는 문서화되었든 그렇지 않든 간에 지켜야 할 것들이 많다.

나는 괜찮다는 이기적인 생각으로 한 행동이 다른 이들에겐 사소한 불편을 주지만, 본인 스스로에겐 엄청난 손해의 결과를 가져올 수도 있다.

악마의 선물

술을 마셨으면 운전하지 마라. 퍼트조차도 하지 마라.

-딘 마틴(Dean Martin)

"아유~ 술냄새! 운동하실 수 있겠어요?"

골프백에서 장갑을 꺼내는 골퍼에게 내가 묻는다.

"이 정도 갖고 뭘 그래? 괜찮아유~."

빨갛게 충혈된 커다란 눈에서 금방이라도 술이 쏟아질 것만 같다. 외모는 잘 생긴 연예인을 대표하는 '장동건'을 닮았는데 입만 열면 농담과 우스갯소리를 잘하는 이 골퍼를 우리는 '장그맨'이란 별명으로 부른다.

"음주측정하고 입장시키는 법을 만들든가 해야지, 냄새에 제가 취하겠어요."

"어제 저녁에 친구들하고 너무 달렸나봐. 그래도 내가 공은 또~오옥바로 보낼 테니 걱정 마."

손으로 공이 날아가는 모양을 흉내 내는 장그맨.

게슴츠레 풀린 눈으로 카트에 널브러져 앉은 동반자들을 보니 전날 함께 술을 마신 친구들인 듯싶다. 풀풀 술냄새가 진동하는 골퍼들을 태우고 코스를 달린다. 마치 술독을 싣고 달리는 기분이다. 공을 똑바로 보내겠다던 약속은 잊은 지 오래인 장그맨은 넓디넓은 페어웨이는 휑하니 비워두고 가장 자리를 훑고 다닌다. 그것도 모자라 산으로, 물로.

장그맨만 그런 게 아니라 다른 동반자들도 마찬가지다. '뭔 놈의 의리가 진짜 이렇게 으리으리하냐. 오너가 산으로 가면 다 산으로 보내고, 물에 빠트리면 또 따라서 빠지고.'

차라리 물에 빠지면 좀 낫다. 물 가운데서 공을 건져달라고는 안 하니까 말이다. 그런데 산으로 올라간 공은 모르는 체 할 수가 없다. 할 수 없이 때 아닌 등산을 해야 한다.

하필 새로 산 골프화를 신고 나왔는데, 산에 오르면서 나뭇가지에 여기저기 긁혀 거뭇거뭇 상처 자국이 보인다.

그늘집에서 나온 장그맨의 손에 캔맥주가 들린 게 보인다.

"야~ 너 하나만 갖고 왔어? 입이 몇 갠데?"

카트에 아예 비스듬히 누운 동반자가 볼멘소리를 한다.

"아니 똑바로 앉지도 못하면서 무슨 술타령이에요? 술 드시려면 집에 가서 드세요."

"미스 리도 한 잔 마셔 시원하게. 땀 흘리고 시원한 맥주 마시는 재미에 필드 나오는 거지."

"가방에 공 얼마나 남았어요?"

"공 떨어지면 집에 가지 머."

낄낄낄 웃는 골퍼들을 향해 도끼눈을 하며 소리친다.

"그럴 거면 아예 술집에 가시지 필드에는 왜 나왔대요? 공 찾느라고 시간 많이 걸려서 뒤 팀이 계속 기다리잖아요. 남들한테 피해주면서 이러고 싶으세요?"

"어? 지금 미스 리 우리한테 소리 지른 거야? 우리 고객인데? 고객은 왕인 거 모르나?"

"왕도 왕 나름이죠. 옛날에도 술에 찌들은 왕은 다 쫓겨났을 걸요?"

'왕도 왕 나름'이라고 말을 하고 나니 웃음이 난다. 고객을 왕처럼 모셔야 하는데 술에 취해 있으니 왕처럼 보이지 않아 큰소리도 칠 수 있었나 보다.

'골프와 술의 공통점'이라고 해서 여러 가지 이야기가 있는데 그중에 '정도가 지나치면 남의 눈살을 찌푸리게 한다.'는 대목이 있다. 뭐든 지나치면 모자란 것만 못하다고 하는 옛말도 있지만 뭐니 뭐니 해도 '술'은 정말 지나쳐서 좋을 게 하나 없다.

마음 맞는 좋은 사람들과 어울리며 한 잔씩 마시는 술은, 마음을 열고 서로 거리를 좁힐 수 있으니 좋다. 그 좋은 분위기를 조금 넘어서면 너무 가까워진 거리 탓에 서로 멱살잡이를 하기도 한다.

〈탈무드〉에 나오는 이야기에 술은 악마가 인간에게 준 선물이라고 한다. 술을 마신 처음에는 양처럼 순하지만, 두 잔째에는 사자처럼 사나워지고, 세 잔에는 원숭이처럼 요상한 짓을 한다고 한다. 그리고 마지막에는 돼지처럼 더러운 곳을 마구 뒹군다고 한다.

"내 돈으로 내가 마시는데 웬 간섭이냐?"고 할지 모르겠으나, 지나치면 남에게 피해를 주고, 본인은 제대로 대접을 못 받으며, 결국에는 다른 이들이 기피하는 인물이 되기도 하니 실로 악마의 선물답다.

불평은 또 다른 불평을 부른다

코스에서 불평하지 말고 변명하지 말라.

-캐서린 헵번(Katharine Hepburn)

"산 위에서 부는 바람 서늘한 바람 / 그 바람은 좋은 바람 고마운 바람 / 여름에 나무꾼이 나무를 할 때 이마에 흐른 땀을 씻어준대요."

노래가 절로 나올 만큼 바람이 시원해서 좋다. 헌데 나만 좋은 건지 골퍼들은 바람을 그리 달가워하지 않는 눈치다.

"허허 무슨 바람이 이렇게 부나. 아까는 시원해서 좋더만 정신이 없네."

"그러게 말이야. 이거야 원 어디 공을 제대로 칠 수가 있어야지. 똑바로 가는 공이 하나 없어."

오른쪽 러프로 날아가고, 왼쪽 다른 홀로 넘어간 공을 바람 탓으로 돌리며 티잉그라운드를 내려오는 골퍼들.

'이 여름 시원한 바람이 뭐 어쨌다구 탓을 하시나' 속으론 그런 생각을 하지만 말은 언제나 긍정적인 단어를 뽑아낸다.

"그래도 앞바람이라 다행이에요. 뒷바람 불었으면 오비 날 뻔했는데."

"그럼 바람 덕을 봤다고 해야 하나?"

"앗차차! 또 생크 났네. 이거 번번이 왜 그러지? 에이~ 미스 리, 이거 코스부에 말해야겠다. 그린 주변이 전부 맨땅이야. 샷이 제대로 안 돼."

"예, 말씀 드릴게요."

대답을 하고 살펴보니 맨땅이라고 지적한 곳엔 잔디가 엉성하긴 해도 '맨땅'이라 할 만큼은 아니다. '연습을 게을리 했다고 하면 어디 덧나나?' 그린 뒤로 넘어간 공을 향해 걷는 골퍼의 등에 대고 한마디 하고 싶은 걸 참는다.

"어머! 이게 왜 안 들어가고…… 아이 참, 퍼터 새로 바꿨더니 적응이 안 돼."

'에구~ 좀 더 신중하게 쳤으면 좋았을 텐데' 새로 바꾼 퍼터를 원망하는 골퍼에게 또 한마디 한다. 물론 들리게 하지는 못한다. 그렇지 않아도 속이 상할 게 뻔한데 나까지 보태서 좋을 게 하나 없다.

"저기 언덕 넘어 벙커 있었지?"

"네, 조금 왼쪽으로 보내세요."

"아이참, 나는 거리가 짧아서 왼쪽으로 가면 세컨 샷으로 온 못 시킨단 말이야. 왜 하필 거기에 벙커를 만들었대?"

하다하다 코스 설계까지 트집이다. 골프가 자연과의 싸움이란 것을 알고 있는 골퍼라면 자연스럽게 넘어가는 것을 '왜?'라고 짜증을 부리는 골퍼에게 뭐라고 설명해야 할까?

"쓰리 온 원 퍼터로 마무리하시고 깔끔하게 파잡으세요."

"나는 투 온 원 퍼터로 버디 잡고 싶은데. 저놈의 벙커가 무서워서"

'벙커 빠졌다고 투 온 안 되나요? 자신 없으니까 그런 거지.' 자꾸 요리조리 변명만 늘어놓는 골퍼에게 꿀밤이라도 먹이고 싶다. '불평, 불만, 변명 그만하고 연습하세요.'라고 덤으로 한마디 하면서.

'명필은 붓을 가리지 않는다.'고 한다. 그만큼 내공이 있으면 어느 때, 어느 곳에서 무슨 일을 하든 묵묵히 받아들이고 소리 없이 해결할 것이다. 반면 준비가 제대로 되어 있지 않은 사람은 본인의 능력을 넘어서는 과업이 자신에게 떨어질까 항상 전전긍긍해야 한다. 자신의 환경이 나빠 일을 제대로 할 수 없는 게 아니라 그런 환경을 극복하려는 노력을 하지 않기 때문이다. 자신에게만 어려운 일이 주어지는 게 아니라 지레짐작으로 두려워하기 때문이다. 자신의 짐만 무거운 게 아니라 일의 본질을 꿰뚫지 못하고 겉모습만 보기 때문에 탓이 많고 변명이 쌓인다.

마스터스 골프대회가 열리는 어거스타 내셔널 골프클럽을 만든 미국의 전설적인 골퍼 보비 존스는 이런 말을 했다. "긴 눈으로 보면 결국 운이란 평등하고 공평한 것이다." 이는 인간의 인생에도 질량보존의 법칙이 존재한다는 것이다. 어느 한 사람에게만 불운이 계속되는 게 아니며, 또 누군가에게만 행운이 쏟아지는 것도 아니다. 단지 스스로 깨닫지 못하니 그저 지나가는 것뿐이다.

|

행운이든 불운이든 잡거나 헤쳐 나가거나 둘 중 하나다. 50퍼센트의 높은 확률에도 불구하고 미리 준비하지 않는다면 지나간 뒤에 반드시 '불평'을 하거나 '변명'을 할 수밖에 없다.

공은 때린 만큼 간다

골프를 하면 할수록 인생을 생각하게 되고, 인생을 보면 볼수록
골프를 생각하게 한다.

-헨리 롱허스트(Henry Longhurst)

골프는 정신이 무엇보다 중요한 운동이다. 심리적으로 불
안한 상태에서 샷을 하게 되면 공이 그 마음을 고스란히 받아
들여 염려하던 방향이나 우려하던 지역으로 날아간다. 이를
테면 '하수의 샷은 생각한 대로 날아간다.'는 것과 같은 이치
다. 평정심을 유지하지 못하니 하수라고 표현할 수밖에 없다.
그렇기 때문에 가급적 코스에서는 긍정적인 말을 많이 해서
어떤 상황이 연출되더라도 골퍼가 편안한 마음으로 공을 칠
수 있도록 돕는 게 나의 일이다.

"어허~ 오늘 이거 제대로 가는 공이 하나 없네."

"원래 골프하고 자식은 맘대로 안 된다고 하잖습니까. 허허!"

"그래도 공은 때린 만큼은 가더구만, 자식놈은 어째 아무리 때려도 꿈쩍을 안 해."

이번 홀에서도 티샷이 페어웨이를 벗어나 오비 구역으로 날아간 것을 확인한 골퍼는 집에 있는 자식에게 화살을 돌린다.

"미스 리, 저 공 괜찮을까?"

"가봐야 할 것 같은데요."

"그래? 살았을 수도 있단 말이지?"

눈을 반짝이며 되묻는 골퍼. 햇빛을 받아 귓가의 흰머리도 반짝인다.

"김 사장, 우리가 하루이틀 속나? 미스 리가 언제 오비라고 단정 지어 말하는 거 들어봤어?"

사실 맞는 말이긴 한데 그렇게 정곡을 찌르면 나는 어떡하지? 티샷이 오비가 나면 골퍼는 기분 나쁜 상태로 다음 샷을 하는 지점까지 이동한다.

'괜찮다'고 말은 했지만 보나마나 오비일 확률이 높다. 그래도 혹시 하는 마음으로 공이 떨어진 지점을 살피고 있는데, 공을 친 골퍼가 슬그머니 내 주머니에 무엇인가를 넣어준다. 손을 넣어보니 공이 잡힌다. 골퍼는 한 쪽 눈을 찡긋 하며 웃는다. 일명 '알까기'를 하라는 것이다.

"사장님, 저 이런 거 잘 못해요."

얼떨결에 목소리가 크게 나온다.

"미스 리 몇 년차야? 이젠 이런 것쯤 식은 죽 먹기 아니야?"

이렇게 말을 하는 골퍼를 보니 이번에는 진심인 것 같다. 아무래도 내가 '알까기'를 제대로 못하면 '미스 리'가 '야'로 바뀔 수도 있을 것 같다.

'공은 때린 만큼 가는데 자식은 때려도 왜 안 가는지 알겠네요.' 수풀 사이를 헤쳐 보는 척하면서 오비 말뚝 안쪽으로 손에 들린 공을 내려놓고 돌아서며 속으로 중얼거린다.

많은 사람들이 '고스톱을 함께 쳐보면 그 사람을 안다.'고 하는데, 골프에서도 '18홀을 함께 라운드해보면 그 사람의 됨됨이를 알 수 있다.'고 한다. 굳이 18홀까지 안 가도 본색을 드러내는 골퍼들도 많다. 동반자를 속이며 이 정도는 괜찮다고 자신을 합리화시키는 골퍼들은 정작 상대방의 실수는 아주 사소한 것이라도 용납하지 못한다. 그런 이들은 가정에서 자식들에게 보이는 모습도 다르지 않을 것이다.

생각은 고스란히 태도로 나타나게 마련이다. 입으로는 이렇게 저렇게 좋은 것만 하라고 했을 테지만, 행동은 이와 반대로 보였을 테니 보이는 대로 자식들이 따라하지 않았을까. 결국 공은 때린 만큼 가지만, 자식은 때려도 소용없게 만든 장본인은 본인 자신이다.

계단을 오르듯 한 계단씩

올라갈 때도 한 계단, 내려갈 때도 한 계단이다. 삶에서도 여러 계단을 한꺼번에 오를 수는 없다. 그러면 나중에 열 계단씩 한꺼번에 내려앉을 수도 있다.

-최경주

목표가 까마득히 먼 곳에 있을 때는 신중하게 계산을 하며 공을 치는 골퍼도 바로 코앞에 목표물이 보이면 쉽게 생각한다. 그러나 목표를 향해 가는 길이 보기에는 쉬운 듯해도 곳곳에 보이지 않는 방해물들이 기다리고 있다. 마냥 쉽기만 하면 무슨 재미로 필드에 나오겠는가.

공중에서 빙빙 도는 바람이 공을 똑바로 가지 못하게 방해할 때도 있고, 평편해 보이는 도로가 비스듬한 경사면일 경우도 있으며, 티잉그라운드가 살짝 옆으로 누워 있기도 한다.

티잉그라운드에서 내려다보는 경치가 일품인 이 홀에 오면 가슴이 뻥 뚫리는 기분이다. 직선거리로 320미터지만 내리막 경사가 있어 실제 거리는 250미터 안팎이다. 그러다보니 남성 골퍼들이 드라이버 한 방으로 온 그린 시키겠다며 앞 팀이 홀 아웃하기를 기다리는 바람에 경기가 지연되는 것을 방지하려고 로컬룰로 드라이버 사용을 금지시켜놓은 홀이다.

"고객님, 이 홀에선 3번 우드 이하의 클럽만 사용하는 거 아시죠?"

"모르는 사람은 드라이버 쳐도 돼?"

싱글싱글 웃으며 묻는 골퍼에게 '당신은 쳐도 괜찮다.'고 하고 싶은 걸 억지로 참는다.

"몰라도 안 돼요!"

단호한 나의 대답에 다들 웃음을 터뜨린다.

"미스 리, 프로님 믿고 너무 하는 거 아냐?"

"어머! 그럼 사장님은 치셔도 됩니다 하는 게 좋겠어요?"

그 말에 한 사람을 제외한 동반자들이 더 크게 웃는다.

"미스 리가 공치는 거 배우러 다니는 게 아니라 프로님한 테 말하는 거 배우러 다니나 보네."

집 근처 연습장 레슨 프로와 연습장을 이용하는 몇 명이 함께 필드를 찾았다. 공교롭게도 근무 순번이 맞은 내가 담당이 되고 보니 마치 연습장에서 프로님을 모시고 수업받는 느낌이다. 자연스럽게 골퍼들과도 격의 없는 대화가 오간다.

"미스 리, 저기 오른쪽 카트도로까지 몇 미터나 돼?"

"도로 맞히시게요? 180 조금 넘어요. 도로 안쪽 맞히셔야 돼요. 바깥쪽 맞으면 오른쪽으로 날아가요."

"프로님이 도로 맞히고 원 온 시킨다에 만 원!"

"어딜 감히 프로님을 시험해? 거 김 사장이 하면 내가 오늘 점심 산다."

"원 온은 무리지. 도로 맞히기 어때?"

"좋아, 그럼 프로님 빼고 우리 셋이 해. 도로 맞히는 사람 빼고 둘이 그늘집, 점심값 다 계산하기다."

옆에서 점심내기 시합에 열을 올리는 것을 웃으며 보던 프로가 5번 아이언을 뽑는다.

"힘 쓸 거 뭐 있어. 투 온 투 퍼터 하면 되지."

프로가 말한 대로 도로 안쪽을 맞고 튀어 오른 공이 그린 근처까지 굴러가 멈춘다.

"우드 3번 이하면 3번 쳐도 되는 거네?"

"슬라이스 나면 위험해요. 안전하게 치시죠."

"인생 뭐 있어? 지르고 보는 거지."

이렇게 말하고 친 김 사장은 공이 우측으로 슬라이스가

나면서 그야말로 한 방에 갔다.

다른 두 명의 골퍼들도 만만하게 보고 쳤다가 한 명은 김 사장과 같은 곳으로 공을 보냈고, 다른 한 명은 도로를 맞히기는 했지만 바깥쪽에 맞는 바람에 우측으로 튀어 김 사장과 역시 같은 곳으로 공을 보냈다.

"야~ 이거 생각만큼 쉽지 않네. 페어웨이 건너뛰고 그린으로 바로 가려고 했더니 오비티로 가야겠어."

한 번만 더 쳐 보겠다며 다시 공을 친 김 사장이 처음 공이 갔던 방향으로 날아가는 두번째 공을 바라보며 늦은 후회를 한다.

골프도 계단을 오르는 것과 다르지 않다. 티잉그라운드에서 출발하여 페어웨이를 거쳐 그린으로 오르고, 그다음 홀을 공략해야 한다. 한 계단 한 계단 오르려는 마음 없이 어느 한 단계를 건너뛰려고 하면 코스를 벗어난 경기구역 이외의 지역으로 날아가는 공을 허탈하게 바라봐야 한다.

이와 마찬가지로 인생도 한 계단 한 계단 올라가야 한다. 성큼성큼 두 계단, 세 계단씩 건너뛰어 오르면 빨리 갈 수 있을 것이라 생각하지만, 건너뛴 계단에서 경험해야 할 것을 지나쳤으니 실속 없이 커다란 풍선처럼 가벼워 이리저리 흔들리다 터지고 만다.

여러 계단을 한꺼번에 오르려는 생각은 현재를 건너뛰어 미래로 가려고 하는 것과 같다. 그러나 현재 없는 미래는 빈 공간일 뿐이다. 과거라는 계단을 밟고 현재에 살고 있듯 현재라는 계단을 차근차근 밟아가야 단단하고 확실한 미래를 만날 수 있다.

함께할 수 있어 행복하다

세상엔 참 많은 사람들이 산다. 이런 사람, 저런 사람, 요런 사람, 조런 사람, 아주 다양한 사람들이 각양각색의 색깔을 뿜으며 세상을 칠한다. 각기 다른 개성과 천차만별의 모습으로 저마다의 인생을 그리지만, 사회라는 조직에서는 '갑과 을' 둘로 나뉜다.

언제부터인지 모르게 '갑, 을'로 대변되는 사회생활에서 '갑'의 위치로 가기 위해 동분서주하는 이들이 많다. 한 번 사는 인생 이왕이면 '갑'으로 살면 좋겠지만, 이른바 우리가 생각하는 '갑'이란 어떤 사람들인가? 매사에 주도권을 잡고 휘두르며 '을' 위에 군림하는 이들이 과연 진정한 '갑'일까.

"남들은 회사 10년 근속하면 금덩어리도 받는다는데. 금덩어린 고사하고 10년 동안 애썼다고 종이쪼가리라도 한 장 받았으면 좋겠다."

캐디 조장들과 함께 신년회의를 마치고 간단하게 저녁을 먹으며 이런저런 얘기를 하다가, 조장 두 명과 내가 입사연도가 같고 그해가 근무한 지 10년째 되는 해임을 알았다. 일반 회사 같으면 근속연수에 따른 포상이 있겠지만, 골프장 캐디는 아무리 오래 근무했더라도 그런 이벤트를 기대하기는 어렵다.

"10년 동안 돈 벌게 해줬으면 됐지 무슨 금덩어릴 바래? 난, 퇴사할 때 우리 회사 전 직원 회식시켜주고 갈 거야. 그동안 돈 많이 벌게 해줘서 고맙다고."

한 조장의 이 말이 계기가 되어 그해 10주년이 되는 세 명이 매월 일정금액을 모아서 '10주년 우리가 쏘자.'는 의견을 모았다.

참으로 멋진 동료들이다. 오랫동안 한 회사에 근무한 것을 자랑하며 대접받기 바라는 마음을 가지는 게 어쩌면 더 당연시 되는 세상이다. 그런데 그렇게 오래토록 일할 수 있는 회사에 고마움을 표현하고 싶어 한다. 이 사람들과 함께 일을 한다는 게 정말 커다란 복을 받은 것처럼 마음이 뿌듯해지면서 이 사람들을 자랑하고 싶었다.

'캐디들이 10주년 근속 기념 회식을 준비한다.'는 소문이 퍼지자 여기저기서 후원(?)하겠다는 사람들이 생겼다. 우선 골프장 관리소장님이 윗분들께 기특한 직원들이 있다는 보고를 하셨다. 보고를 받은 윗분들께서 당일 회식장소를 알선해주셨다. 덕분에 우리는 넓은 장소에서 처음 예상했던 인원보다 더 많은 사람들을 초대할 수 있었다.

작은 규모였지만 군악대 소속 몇 분의 연주도 들을 수 있었고, 그날 비번인 함대 소속 분들이 오셔서 축하해주시고 격려해주셨다. 그중의 하이라이트는 함대사령관의 축하 꽃다발을 받은 것이다. 민간골프장에 있었으면 감히 상상도 못할 일이었다. 캐디들이 골프장과 골프장 소속 사람들에게 '10년 근속기념 회식'을 주최했다는 것은 우리나라 캐디 역사에 전무후무한 일이다. 아마 다른 직장에 근무하는 이들도 시도하지 않았을 테니 우리가 최초 아닌가!

흔히 이야기하는 노블레스 오블리주(noblesse oblige)란 이런 것을 두고 말함이라 생각한다. 꼭 사회적으로 높은 지위에 있지 않더라도, 감사하는 마음으로 기꺼이 함께 나누며 즐길 수 있다면 지위를 넘어선 한 수 위의 자리에 있다고 할 수 있다. 진정한 '갑'이란 바로 이런 사람들이 들어야 할 소리이며, 그런 이들에게 '갑'이라고 해야 옳다.

내 마음속에 항상 '갑'으로 남아 있는 그들을 위해 글을 쓴

다. 자랑스러운 동료들과 함께할 수 있어서 나는 정말 행복했
다. 그런 이들이 세상에 존재한다는 것을 이야기할 수 있어서
행복하다.